閱讀起步走！

蔡孟耘（小壁虎老師）·著

超前培養孩子的資優閱讀力

看圖說故事、對話接龍、用圖片找線索，
有效提升閱讀素養的關鍵歷程

跟著小壁虎老師，
輕鬆親子閱讀

　　長年推動親子閱讀，最常被家長問：「有沒有一本書，可以輕鬆跟著推動親子閱讀？」

　　就是這一本了！

　　「乎西乎卡～啪啪收～七七粗粗哇嗯哈～」你相信嗎？只要跟著小壁虎老師，輕輕鬆鬆念念咒語，一切就水到渠成，長年困擾眾多家長的親子閱讀，馬上開心、輕鬆、快樂又享受，不需要外求。

　　在這本《閱讀起步走！超前培養孩子的資優閱讀力》中，在小壁虎老師輕快的筆觸下，看見了在家和兩個孩子一路以來享受閱讀的過程，不管是念一念、聊一聊、推薦一下，在簡單易使的方法裡，偷渡了怎麼維持孩子閱讀動機的方式，解決了孩子專注力不足的困難，以及讓孩子對書有興趣的妙招，重點是：原來這麼簡單！

　　閱讀是一種習慣，但養成孩子的閱讀習慣好難！是這樣嗎？翻開小壁虎老師的寶典，寫一句話、閱讀來打卡、閱讀小貼貼、一句話接寫心得、閱讀樹看見累積的力量、閱讀咒語，這些利用家裡常見的物品和小角落，就可以讓家庭搖身一變，變成閱讀環境，讓孩子一點一滴成為閱讀習慣達人，只要幾張紙片、便利貼、小圓貼紙，真是魔力無限，令人躍躍欲試。

　　閱讀越到深處，怎麼讓孩子讀圖？用策略說故事？預測策略？讓孩子使用這些策略可以跨越到更深的文本，享受更多元閱讀？小壁虎老師在書中提

供了她和孩子的問答，如實的呈現和孩子現場的一問一答，在對話中看見了尊重孩子後，可以看見孩子童言童語珍寶，在不斷的對話中推進、澄清、統整，對於擔任故事媽媽、家長要複製到自家場景、教師要班級教學後設認知，簡直是最清楚珍貴的第一手資料。加上孩子的作品呈現，天馬行空的思考想像呈現，孩子真是天生的哲學家、思想家，和孩子一起閱讀，看見孩子思考軸線，小壁虎老師的閱讀課堂，實在太吸引人！

最後從讀到寫，大量閱讀後、知識性讀物的閱讀方法、從閱讀到寫作，甚至高端的比較閱讀，具體而微，一氣呵成，統整包括，一次都打包給你。文字輕輕柔柔，文字量不多輕鬆閱讀，但這本書裡有簡介、有示範、有對話、有作品，從簡單幼兒到小學高年級，閱讀上的大小事都已經囊括，家庭必備，出發去親子閱讀必備！

而我最常被家長問到排行榜第一名的問題：孩子不喜歡閱讀該怎麼辦？其實，這個問題，在小壁虎老師的咒語中：「乎西乎卡～啪啪收～七七粗粗哇嗯哈～」早已說明了一切：

乎西乎卡：創造各式各樣的閱讀的理由，包包裡有書、沙發旁有書、床頭有書……讓閱讀「無時無刻」存在。

啪啪收：每天只要 10 分鐘，將家中的電視「啪」的一聲關掉、電腦「啪」的一聲關機、手機和平板通通收起來，全家一起閱讀。

最後，容我賣個關子：您們家一定就會「七七粗粗哇嗯哈」！快來翻開這本《閱讀起步走！超前培養孩子的資優閱讀力》，收下小壁虎老師的輕鬆快樂閱讀魔法吧！

閱讀推廣人　林怡辰

峰高無坦途，
筆耕唯默「耘」

　　大家口中的「小壁虎老師」，我習慣喚她「孟耘」，那是她的本名。認識孟耘是在2009年3月，她來國立臺北教育大學修習「作文教學師資學分班」，我是授課老師之一。還記得她告訴我每週假日必須黎明即起，搭上葛瑪蘭客運「搖」到臺北，燒腦上完整天課後，再搭車「晃」回宜蘭，回到家已是黑夜。當時，我很佩服並好奇：是什麼樣的力量，會讓一位老師在辛苦的上完五天班之後，犧牲假日休息時間，迢迢來到我們的課堂學習？

　　那是我們相識的第一天，她拿著我出版的書籍讓我簽名，告訴我她名叫「孟耘」。於是，我不假思索在書籍上寫下：

　　「孟春三月相逢，耘稼黃金滿筐」

　　是的，春光爛漫，這位年輕老師不去賞花觀雲、發呆耍廢，卻默默努力在學習如何精進語文教學，只為把學生教得更好。就是這樣一位用心耕耘的老師，就是這樣一個靠努力撐起教學天地的人，才能收穫滿筐莊稼，採擷豐碩果實。這本《閱讀起步走！超前培養孩子的資優閱讀力》便是她應然且必然的收穫，但是，請別只看到她纍纍豐收的歡樂模樣，請看看她努力一步一腳印的登峰過程，看看她多年來一筆一畫努力記錄的部落格，峰高無坦途啊，唯有辛勤筆耕，含淚付出，才能一字一句，「耘」出這一本書籍。

　　跟孟耘開始熟稔相知，是從2015年教育部主辦的「我有一個夢」大型備課研習開始，我們都是國語科的講師。感謝那個美好的緣分，從那時候開始，我們一起攜手譜寫了許許多多生命風景：一起演講、一起備課、一起寫

書、一起參與兩岸讀書會，一起到河北、新加坡授課，一起開發讀寫直播課程……。孟耘總是細心溫柔的陪伴著，不僅將她的課程準備到最好，更是我最好的支援和後盾。可以說沒有她的協助，我的許多課程和版圖是無法順利推展的。這就是孟耘，總是比別人還努力認真的耕耘者；也因為這樣，什麼事都扛起來做的她，體系了課程，活化了課堂，飽滿了閱讀，精采了自己。

孟耘的《閱讀起步走！超前培養孩子的資優閱讀力》共分四章，我細讀後，綜整成：

從「悅」讀（閱讀是快樂的事）～興趣是最好的老師

→「躍」讀（閱讀習慣養成方案）～躍起式的活動方案

→「閱」讀（閱讀方法隱形出招）～教導策略以學習遷移

→「越」讀（閱讀進階好方法）～跨越文本型塑自學力

如此有序有系的引導，真的能讓讀者一步一步跟著走進閱讀花園深處，感受喜悅馨香。

我們都知道，閱讀寫作能力是未來最重要的競爭力，也是我們可以送給孩子最好的禮物。例如亞馬遜國際企業公司要求應徵者必須會寫文章，寫作能力太差就會被淘汰，而文章要寫得好必得先「讀懂」。又例如今年的高三學生，他們是適用108課綱的首屆高中生，學測後進入二階，必須要有客製化的學習歷程檔案，這些檔案要能「言之有序、言之有物、言之有理」，都需建立在良好的閱讀能力與結構組織之上。沒有閱讀方法、沒有海量閱讀，是不可能寫好這些檔案，是無法擁有競爭力的。

閱讀是如此重要，我們該「如何」培養孩子的閱讀力呢？我覺得孟耘這本書就提供了一個很好的鷹架，先感受到「快樂」，有了好奇心，激發起了學習慾望，那學習將是事半功倍了。

　　我最喜歡的，是孟耘從課綱梳理出閱讀的內涵和細項。推動閱讀不是「偶一為之」，不是「福至心靈」，不是「信手拈來」，不是「空口白話」，不是「剽竊模仿」，而是有所本、有方法、有辦法、有例證的具體實施步驟，不僅有理論支撐，更有實務對照（文中有許多老師和學生的對話），提供讀者一個可複製、可學習的課堂操作鷹架。

　　從語文教學的角度來看，語文的終極目標是：「會讀」、「慧寫」。世界各國的語文教學皆明訂「閱讀」是重要課程內容。在大陸今年甫公布的新課標中，更深化、強化了閱讀的重要性，明確要求了閱讀任務群的目標和文本多元性。（見右頁圖表）

　　只有讀，才會讀：只有讀懂，才能讀好；只有懂讀，才能讀得更多更快。我們想要孩子們擁有超能力，擁有競爭力，就需要從閱讀入手。那，就這本從《閱讀起步走！超前培養孩子的資優閱讀力》開始吧！

　　親愛的，您準備好嗎？「閱讀」～起步～走！

閱讀寫作專家　陳麗雲

語文課程標準（2022 版）

大陸義務教育語文課程

基礎型
學習任務群
- ◆ 語言文字積累與梳理

發展型
學習任務群
- ◆ 實用性閱讀與交流
- ◆ 文學閱讀與創意表達
- ◆ 思辨性閱讀與表達

拓展型
學習任務群
- ◆ 整本書閱讀
- ◆ 跨學科學習

有學上 ➡ 上好學

培養什麼人，怎樣培養人，爲誰培養人

感性與理性的交會
豐美了閱讀

　　「閱讀是自學力的表現也關乎競爭力核心」、「大人要在孩子小時協助其養成閱讀習慣」、「讓孩子樂於與書為伍是送給他最珍貴的資產」……諸如此類彰顯閱讀重要性的呼籲如金科玉律，但要如何落實？

　　有想法更要有做法，化心動為行動方能收閱讀之效。小壁虎老師二十年磨一劍，劍一出鞘處處是招式，寫下親子親師閱讀歷程的點滴，更將帶領讀寫的方方法法化成淺顯易懂的方案計畫。閱讀態度是感性，實作策略是理性，感性交融理性才能兼具讀趣與讀懂，解方在書中。

　　讀著一則則小壁虎老師娓娓道來的故事，深深感受閱讀無捷徑，唯有一步一腳印，這刻骨銘心的修煉之路讓小壁虎老師茁壯成提燈人，照亮且溫暖有志一同者。書中設計「閱讀教室」有學前及小學各階段親子共讀練習室，老師家長可依孩子身心發展及閱讀熟成特性尋覓良方嘗試。

　　再者，分享故事類書籍用六何法、知識類閱讀用123分享法、閱讀跟流行來打卡、多人套書閱讀便利貼是好幫手、圓形標籤紙可以長成一棵個人專屬的閱讀大樹、講書推薦和挖空私心的書籍擺設展示讓孩子無痕閱讀……這連環出手便可讓孩子蹲好馬步勇闖書林。

　　此外，用預測、心智圖、故事檢核表、角色扮演等隱形招式來達陣閱讀理解；從圖畫書繪本銜接橋梁書和文字書以開展大量閱讀；進行閱讀筆記與文本異同比較、更上一層樓的讀寫整合……書中招招精彩、彈無虛發。小壁虎老師領進門，吾等避開繞遠路或走錯路的冤枉路，瞬間打通任督二脈，教

學功力直線上升更嘉惠學生，簡直是逆天的存在。

　　熱門韓劇《二十五、二十一》用兩個數字表現一段青春故事，這本書也容我以兩個數字來形容——「二十、十六」。小壁虎老師二十年的教學職涯中筆耕不輟，經營部落格十六年，積累日常閱讀推動故事，毅力驚人，對閱讀是真愛無誤。十六年、二十年的時間能讓嬰幼兒長成青年，本書便是小壁虎老師推動閱讀羽翼成熟振翅高飛的集成。

　　想要進行親子共讀的家長、在校園深耕的故事志工和閱讀推手、教學現場欲快速上手閱讀的新手老師以及想溫故知新的老鳥教師，不管是哪一種身分，都可以在本書獲得養分與活水，在閱讀路上欣賞綠意盎然與感受開花結果。我獲益匪淺並真心推薦。

國立清華大學附小資深教師　葉惠貞

作者序

　　空蕩蕩的教室裡，所有的孩子都已經放學回家了，只有一個小女孩獨自坐在座位上等家長來。我走過去看，她正在閱讀一本厚厚的書，雖然有注音但沒有插圖，是一本實實在在的文字書。「一年級的孩子，看得懂嗎？」好奇心驅使我過去與她閒聊：

　　「這本書好看嗎？」

　　「好看啊！」

　　「這本書都沒有圖畫，是純文字的書耶！那麼厚，你真有耐心。」

　　「有些我看不懂，但是我慢慢讀，總有一天會讀完。」

　　是啊！只要開始，就算走得很慢，還是會到目的地。

　　這本書寫到最後，我想提醒大人們：孩子的閱讀習慣越早養成越好，只要願意開始就都不嫌晚。

　　閱讀是非常個人的，每個人的習慣都不太相同，這本書希望藉由一些方法引導、內化，讓孩子在每一個閱讀階段可以無痛接軌。閱讀沒有辦法獲得即時的回饋，總是需要時間去累積知識和習慣，但是孩子很單純，只要引起他們的興趣，自然可以讓他們沉迷。一旦沉迷，就會快速累積經驗，閱讀速度、理解程度都能跟著提升。那一年我帶著一年級孩子閱讀100本書，有個孩子在他的心得裡寫道：「一開始我看很慢，而且很多字都看不懂，但是當我看到第28本書的時候，我發現很快就可以看完一本書了。」看到這樣的心得，真的很佩服這個孩子，他是從多少挫折中才獲得這樣的感想啊！從第1本到

第28本閱讀時遇到的挫折，因為有大人的理解與陪伴，讓孩子擁有成功的經驗，就有持續的動力。

有時候我們將閱讀看得太重，增加了很多閱讀的相關練習，雖然教導孩子如何閱讀很重要，但要用什麼方法讓學習輕輕降落到孩子身上，是我們需要考量的。培養孩子對閱讀的興趣與持久的熱情，是我們希望達到的最終目標，每個階段的引導，都是讓孩子有機會看見不同的閱讀風景。

我永遠記得孩子脫口而出的那句「原來世界上還有這種書啊！」在我心中產生的震撼，如果什麼都還沒有做，至少給他們一個有很多書可以選擇的閱讀環境，沉浸式的環境讓他們至少可以選擇用自己的方式探索閱讀。

常常有家長問我孩子不喜歡閱讀該怎麼辦？我總會笑著回答：「應該是他還沒有找到喜歡的書。」其實，我更想說的是：孩子有閱讀的環境嗎？有獨立閱讀的時間嗎？有自己選書的權利嗎？知道圖書館是座寶庫嗎？大人有閱讀習慣嗎？我們一起讓「閱讀，是快樂的事」實現吧！

Contents

Chapter 1

閱讀　是
　　　快樂

事的

的

一　閱讀有什麼難的？不就是看書嘛！

　　臺灣教育開始重視閱讀教學始於西元2000年，行政院文建會以兒童閱讀年為政策主軸，除了建立兒童閱讀網站，也開始全面性充實國民中小學之圖書資源，營造完善的閱讀環境，開啟了臺灣推動閱讀的篇章。西元2006年臺灣首次參與PIRLS（促進國際閱讀素養研究Progress in International Reading Literacy Study）後，有感於學生在此閱讀評比的表現不太理想，而開始推動將閱讀策略融入教學。

　　專家學者從PIRLS的資料發現，學生越早或越常學習閱讀技巧、閱讀理解策略，該國學生的閱讀素養表現就越好。臺灣過去自西元2001年開始實施的「九年一貫課程綱要」國語文領域能力指標，至現行西元2019年開始實施的「十二年國民基本教育課程綱要」之國語文領綱學習表現，我們都可以發現閱讀理解教學在各個學習階段皆已是必要的課程內容。

　　過去十幾年來，我們的閱讀教育從推廣閱讀到閱讀理解教學，逐漸走向精緻化。過去常見的推動閱讀方式就是閱讀數量的累積，藉由環境的營造讓孩子增加閱讀量。但是我們逐漸發現，除了大量閱讀，還需要給予策略、技巧指導及培養閱讀習慣，才能有效提升閱讀能力。以目前的升學考試題目來看，孩子的確需要更多的閱讀理解策略，才能在有限的時間內快速找到重要訊息答題。

　　新課綱在國語文領綱的閱讀類別學習表現指標給了我們一些方向，我將指標做了整理：國語文領域的學習表現指標解讀方式，第一碼為「類別」，分為1聆聽、2口語表達、3標音符號與運用、4識字與寫字、5閱讀和6寫作；第二碼為「學習階段」，以羅馬數字來表示，I代表第一學習階段（低年級）、II代表第二學習階段（中年級）、III代表第三學習階段（高年級）；第三碼則

是「流水號」。

　　我先將三個階段相同類型的指標放在一起，這樣容易看懂縱向的學習脈絡，例如：

5-I-1　以適切的速率正確地朗讀文本。

5-II-1　以適切的速率朗讀文本，表現抑揚頓挫與情感。

5-III-1　流暢朗讀各類文本，並表現抑揚頓挫的變化。

　　這三個指標都與「朗讀流暢」有關，所以放在同一個欄位，並且命名為「朗讀流暢」。從這三個指標我們可以掌握低年級的朗讀流暢度表現為「正確的朗讀文本」；中年級則是「表現抑揚頓挫與情感」；高年級為「流暢的朗讀各類文本並表現抑揚頓挫的變化」。

　　接著，我再將已經歸類好的指標做一個統整性的合併，將所有指標做了教學方向的整理，分為「閱讀推動」、「閱讀策略」、「語文課」方向的指標。如此一來，後續就容易做教學上的規劃，確保各階段學習表現的達成，也能掌握低、中、高三階段縱向的連貫性。

	朗讀流暢	喜愛閱讀	圖書館教育
閱讀推動	5-I-1 以適切的速率正確地朗讀文本。	5-I-9 喜愛閱讀，並樂於與他人分享閱讀心得。	5-I-8 能認識圖書館（室）的功能。
	5-II-1 以適切的速率朗讀文本，表現抑揚頓挫與情感。	5-II-10 透過大量閱讀，體會閱讀的樂趣。	5-II-12 能主動參與班級、學校或社區的閱讀社群活動。
	5-III-1 流暢朗讀各類文本，並表現抑揚頓挫的變化。	5-III-10 結合自己的特長和興趣，主動尋找閱讀材料。	5-III-12 能運用圖書館（室）、科技與網路，進行資料蒐集、解讀與判斷，提升多元文本的閱讀和應用能力。
	閱讀策略	**自我監控**	**找重點與觀點**
閱讀策略	5-I-7 運用簡單的預測、推論等策略，找出句子和段落明示的因果關係，理解文本內容。		5-I-4 了解文本中的重要訊息與觀點。
	5-II-8 運用預測、推論、提問等策略，增進對文本的理解。	5-II-9 覺察自己的閱讀理解情況，適時調整策略。	5-II-4 掌握句子和段落的意義與主要概念。
	5-III-8 運用自我提問、推論等策略，推論文本隱含的因果訊息與觀點。	5-III-9 因應不同的目的，運用不同的閱讀策略。	5-III-4 區分文本中的客觀事實與主觀判斷之間的差別。
	句　段	**大意與摘要**	**標點符號**
語文課	5-I-3 讀懂與學習階段相符的文本。	5-I-6 利用圖像、故事結構等策略，協助文本的理解與內容重述。	5-I-2 認識常用標點符號。
	5-II-3 讀懂與學習階段相符的文本。	5-II-6 運用適合學習階段的摘要策略，擷取大意。	5-II-2 理解各種標點符號的用法。
	5-III-3 讀懂與學習階段相符的文本。	5-III-6 熟習適合學習階段的摘要策略，擷取大意。	5-III-2 理解各種標點符號的用法與表達效果。

大量自主閱讀
5-II-11 閱讀多元文本,以認識議題。
5-III-11 大量閱讀多元文本,辨識文本中議題的訊息或觀點。

形成觀點
5-II-7 就文本的觀點,找出支持的理由。
5-III-7 連結相關的知識與經驗,提出自己的觀點,評述文本的內容。

認識文本特徵
5-I-5 認識簡易的記敘、抒情及應用文本的特徵。
5-II-4 認識記敘、抒情、說明及應用文本的特徵。
5-III-4 認識議論文本的特徵。

閱讀小知識

促進國際閱讀素養研究(Progress in International Reading Literacy Study,簡稱 PIRLS)起源 2001 年,每 5 年循環一次的國際評比,測量兒童閱讀素養成就以及與讀寫能力有關之政策、實務的發展趨勢。

PIRLS 是由國際教育成就調查委員會(International Association for the Evaluation of Educational Achievement, IEA)主辦之國際測驗,這項計畫主要的目的在研究不同國家教育政策、教學方法下四年級兒童的閱讀能力。

二 放聲閱讀吧！

　　我還記得兒子剛學注音符號拼音時，光讀一個句子，就要每個字不斷來回拼讀、確認聲調，往往拼了幾個字音後，就忘了前面拼讀的字，如此一來，是怎麼也無法理解語句的意思。

　　孩子是從聽覺開始學習語言的，從大人說的話、肢體動作，在重複幾次後將意義與聲音連結，日後只要聽到那樣發音的字詞，就能產生意義進行理解。

　　例如：「這是電風扇」大人跟孩子說的時候會指著電風扇，甚至還會接著說明電風扇會吹出涼風等語句。孩子透過聽覺，將「電風扇」的讀音與電風扇的實際意義做了理解上的連結，開始學識字後，看到「電風扇」這三個字，若能正確的讀出字音，藉由聽覺連結到以前理解過的意義，重複幾次後，對「電風扇」這個詞的字形、字音、字義才會有完整的理解。因此，朗讀出來的聲音對理解而言是非常重要的。

　　《十二年國民基本教育課程綱要》國語文領域，國小三階段的閱讀學習表現，跟朗讀有關的指標：

5-I-1　　以適切的速率正確地朗讀文本。

5-II-1　　以適切的速率朗讀文本，表現抑揚頓挫與情感。

5-III-1　流暢朗讀各類文本，並表現抑揚頓挫的變化。

　　朗讀正確性與理解的關係，在第一階段（低年級）尤其重要，例如：〈曹沖秤大象〉，如果孩子不識「秤」這個字，而讀成「平」大象的音，當然無法理解意思。但是，若這時我們協助讀出「秤」字的音，他們很自然就能理解「秤大象」的意思。因此，低年級識字階段，首重「正確朗讀」文本。

　　流暢的閱讀是理解文本的基礎，如果孩子朗讀時斷斷續續或停頓過久，我們就要關心孩子的閱讀狀況了。有時是拼音不熟練或是有困難，有時是識字量低，甚至是閱讀障礙，都可以從朗讀的流暢度發現異狀。

小壁虎老師閱讀教室

朗　讀　練　習　室

難易度 ★☆☆☆☆

▲準備用具：手指 、聲音

▲練習時間：3~5分鐘

▲練習步驟：

❶ 選一篇很短很短的文章（例如：國語日報兒童中低年級版的小朋友文章）。

❷ 大家一起朗讀（在學校時可以是全班、全組；在家裡時可以家人一起）。

❸ 讀的時候用食指輕輕點到字（手指點字是為了避免孩子跳字或跳行，不能用手指滑過去喔！小朋友常常會滑太快，造成手指與聲音無法配合）。

❹ 一開始每天都朗讀同一篇文章，我會在每天的早自習讓全班一起朗讀，不太會讀的學生可以跟著會讀的孩子讀，透過聽覺學習，持續5天朗讀了5遍後，幾乎每個學生都可以流暢的讀這篇文章了。

▲給大人的備忘錄：

孩子朗讀時如果出現不會讀的字音時，大人直接讀出那個音給孩子聽即可。

三 原來世界上還有這種書啊！

　　當導師的時候，我喜歡在早自習時間跟著孩子一起閱讀，有時候也會跟他們聊聊「老師最近在看的書」，用他們能夠懂的語言一起分享書的內容。有一陣子我很迷做麵包，所以帶了做麵包的食譜書去學校，還記得當我跟孩子們介紹那本書後，從包包裡拿出依照食譜做出來的麵包，請他們每人吃一口時，有個孩子說：「原來世界上還有這種書啊！」聽到這句話時我感到非常震驚，原來他們不知道有「食譜」這種書啊！

　　從那時候開始，我會在閱讀時間以「老師最近讀的書」為主題，用淺顯易懂的方式，「講」一些不同類型的書給他們聽，這些書不一定是童書，大人看的書也可以。透過老師的轉化，無形中推薦給孩子不同類型的書，也可以讓他們感受到——原來閱讀可以帶來豐富的知識。

　　我曾經遇到過一個孩子，不太喜歡閱讀文字的書籍，就算把書講得很精彩，他還是僅止於聽我講。有一次我注意到他喜歡畫火車，於是我把兒子的《火車小百科》帶到學校與他分享，沒多久後，就發現他到圖書館借的書都跟火車有關，也畫了很多火車的構造圖，那陣子我經常聽他講解自己的畫作以及火車的各種知識。我相信這個孩子在往後的學習路上，已經知道怎麼透過閱讀鑽研專業了。

　　這個「老師最近在看的書」講書時間，也可以換成「你最近在看什麼書？」讓孩子跟大家分享自己正在閱讀的書，而且有了前面老師的示範，孩子上台講書就容易多了。講書活動還可以做人數上的變化，對著全班講書或是分小組進行；一人上台講書、兩人上台一起講書等，變化活動的方式可以讓孩子們保持興趣，無論是講者或是聽者都有不同的收穫。

小壁虎老師閱讀教室

講 書 初 階 練 習 室

難易度 ★★☆☆☆

▲準備用具：一本書（一篇文章或是一則新聞） 📖

▲練習時間：5~10分鐘

▲練習步驟：
1 朗讀最喜歡的段落。
2 用自己的話講解書或文章的內容。
3 分享這本書或文章閱讀時的想法、帶給你的感受。

講 書 進 階 練 習 室

難易度 ★★★☆

▲準備用具：一本書（一篇文章或是一則新聞） 📖

▲練習時間：10~15分鐘

▲練習步驟：
1 朗讀最喜歡的段落。
2 選擇適合的分享方式
　1 故事類使用六何法（時間／誰／在哪裡／事情的開始／經過／結果）。
　2 知識類使用123知識分享（1個新發現／2個重點／3個學習到的新知識）。
3 分享這本書或文章閱讀時的想法、帶給你的感受。

講書準備單（知識類）

大家好，我是<u>游小千</u>，我要講的書是<u>京阪神攻略</u>。

我要朗讀最喜歡的段落。

看這本書我有 1 個新發現：

> **發現** 可以是自己原本不知道的、恍然大悟的，也有可能是圖片或引發興趣的部分。

<u>我發現日本除了著名的京都 & 大阪，還有神戶也是不錯的旅遊景點。</u>

這本書有 2 個重點，分別是

> **重點** 可以是針對文章內容做的整理。

<u>1. 大阪城裡有一個地方叫──新世界‧天王寺，而天王寺的名稱來自於四天王寺。</u>

<u>2. 大阪城裡有一個地方的名稱十分特別，名叫美國村，美國村的起源於一九七○年，那裡有許多創意 & 活力。</u>

我從這本書學到 3 個新知識

<u>1. 3 ～ 5 月是春天，也是賞櫻花的季節，又名櫻花見。</u>

<u>2. 6 ～ 8 月是夏天，也是日本最常舉辦祭典的時間，又名火祭典。</u>

<u>3. 9 ～ 11 月是秋天，也是各地攝影者瘋狂獵取秋天季節限定的紅葉美景，又名紅葉狩。</u>

> **新知識** 可以是成為自己記憶或理解的部分，補充這個主題的知識。

講書準備單（知識類）

大家好，我是＿＿＿＿＿，我要講的書是＿＿＿＿＿＿。

我要朗讀最喜歡的段落。

看這本書我有 1 個新發現：

_____

_____

這本書有 2 個重點，分別是

_____

_____

_____

我從這本書學到 3 個新知識

_____

_____

_____

_____

_____

_____

講書準備單（故事類）

大家好，我是<u>陳小瑄</u>，我要講的書是<u>我的過動人生</u>。

我要朗讀最喜歡的段落。

這個故事的大意

（時間／誰／在哪裡／事情的開始／經過／結果）

<u>這本書的大意是：</u>

<u>主角小時候就十分渴望帥氣，有天他的穿著跟過去完全</u>

<u>不一樣，許多人都會問他：「你是男生還是女生？」</u>

<u>他還常常闖禍，上課不專心。幸好爸爸媽媽理解並包容</u>

<u>他，支持他追求自己的夢想，終於當上昆蟲老師。</u>

讀這本書我想到的事情或感受

（可以從書中的事件來延伸思考）

<u>我覺得「我的過動人生」這本書，讓我很感動，也讓我</u>

<u>從中看到了吳沁婕老師努力的過程，要先了解自己並勇</u>

<u>於追求自己的夢想。</u>

講書準備單（故事類）

大家好，我是_____，我要講的書是_____。

我要朗讀最喜歡的段落。

這個故事的大意

（時間／誰／在哪裡／事情的開始／經過／結果）

_____

_____

_____

_____

讀這本書我想到的事情或感受

（可以從書中的事件來延伸思考）

_____

_____

_____

_____

四　我可以看自己想看的書嗎？

　　剛開始在班級推動閱讀的時候，曾經特別安排了一定要讀的書，「規定」每個學生要讀完。有一次，一個學生在小日記上寫：「我想看自己喜歡的書，不想看老師規定的書。」當時看到這則小日記，感覺像被棍子敲了腦袋一樣，明明是我精心挑選的書，怎麼會讓學生這麼痛苦？我深刻的反省，到底是哪裡出了問題呢？

　　大人常常會想給孩子更多，怕孩子只看某一類的書造成閱讀不均衡；希望孩子除了休閒閱讀，還要能增長知識；認為孩子要透過閱讀自主學習，不過，這樣的方式卻可能讓孩子對閱讀產生反感。想起剛開始在班上推動閱讀時的情景，什麼都不懂的我以為讓孩子看完規定的書、寫完一張張閱讀學習單，就是推動閱讀了。現在想起來，那時候發閱讀學習單時，最常聽到的是學生發出「吼～」的抱怨聲，是對被規定看什麼書表示無奈、對看完書要寫學習單的反對吧！

　　我要感謝那位勇敢表達看法的孩子，讓我改變推動閱讀的方向。其實，我們要做的不是規定孩子讀什麼書，而是要想方設法介紹各種類型的書給他們，或是設計會需要使用這些書的情境，讓孩子自然而然的接觸到不同類型的書，更要教導他們如何選擇適合自己的書。

　　有一次，我在聯絡簿上看見家長的留言：「老師，學生在學校借了什麼書，你都不用看一下嗎？」我從字句中看見怒髮衝冠的媽媽神態，趕緊叫了孩子來問，圖書館到底有什麼書會讓家長如此生氣。只見小二的學生從書包內拿出一本厚厚的《哈利波特》，我納悶的問孩子：「這本書很好看啊！為什麼媽媽那麼生氣？」「因為這本書沒有注音，我就一直問媽媽那是什麼意思，然後媽媽沒空回答就生氣了……」我又問：「這本書你借的時候就知道是沒有注音的嗎？」孩子點點頭。「你知道沒有注音可能會看不懂，為什麼還要借這

本書呢?」「因為五年級的大哥哥說這本很好看,我就想看。」哈哈,真相大白,原來是有人推薦啊!

　　兒子小一的時候,有一次借了一本中國歷史的書,回家翻閱了一下就說他明天要去還書,我問他為什麼要借這本書,他說:「因為是放在新書展區的新書,這本新書我是第一個借的。」

　　最近我整理了書櫃,將這幾天想看、正在看的書放在視線可及的那一櫃,方便每天拿取閱讀。沒想到這個位置剛好適合小孩的視線,兒子睡前都會到這個櫃子抽一本書看,從我正在備課的少年小說,到媽媽角色需要的《一起帶冷便當》、《穴道按摩》等不同類型的書籍,他都看得津津有味,還會與我討論食譜、借我的腳去找穴道按摩。後來我就在這個櫃子偷偷換上想讓兒子看的書,不經意的讓他拿去閱讀。

　　上述這些事情讓我發現了,原來孩子會因為有人推薦、書籍展示而借閱。如果想要孩子讀什麼書,就用這兩個方法來達成啊!不必特別「規定」,大人利用講書推薦、特地擺設的展示,就可以讓孩子無痕閱讀啦!

小壁虎老師閱讀教室

我 會 選 書 練 習 室

難易度 ★☆☆☆☆

▲適合場所：圖書館或書店

▲練習時間：3~5分鐘

▲練習步驟：

① 看看書背上的書名，挑選一本有興趣的書。

② 看看封底、封面對這本書的介紹。

③ 瀏覽一下這本書的目錄，再閱讀幾頁。如果覺得很想繼續看下去，那就可以借或買回家閱讀。

📖 閱讀小知識

書的結構介紹

　　書的 Ⓐ封面 和 Ⓑ書背 上有大大的字寫出這本書的書名，仔細看還有比較小的字是作者、繪圖者或翻譯者姓名。

　　書的 Ⓒ封底 有這本書專屬的 ISBN 國際標準碼，這是書的身分證。在 ISBN 國際標準碼的附近還有出版社名稱。有的書會在封底加上推薦語，可以讓我們知道這本書的重點。

　　封面加長內折的部分稱為 Ⓓ折口，大部分的書會在折口放作者簡介、書的簡介，或是系列書籍介紹。想要閱讀同系列的書，也可以看看折口上的介紹。

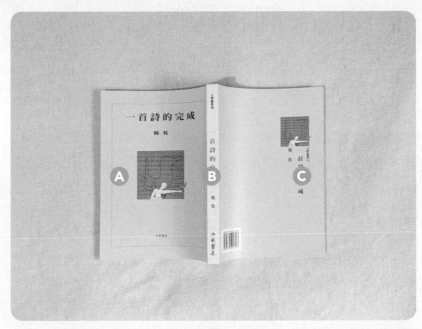

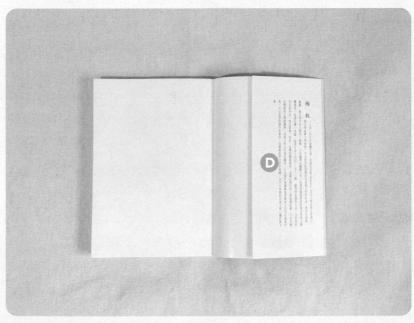

五 那一年 我們一起讀過的書

　　女兒小時候最喜歡的一本書是《媽媽買綠豆》，這本書直到現在還收藏在書櫃中。我們曾經跟著書中的情節，一起到市場買綠豆、煮綠豆湯、做綠豆冰、種綠豆芽，這是我們共同的閱讀記憶。這本書女兒一翻再翻，看了上百次也不膩。

　　兒子小二的時候經由姐姐推薦開始閱讀《頑皮故事集》，看了幾頁後非常興奮的跑下樓打電話給外公，原來啊～小時候他住在外公家，每天早晨外公泡茶時間都會講一篇這本書的內容，現在兒子可以自己閱讀了，想起那段時光，就在電話中跟外公討論故事情節。就這樣，本來覺得這本書很厚孩子不願意讀，最後卻在爺孫兩人三天兩頭的熱線中閱讀完了。

　　當導師的時候常會借「愛的書庫」的書跟學生共讀，有一次我們一起讀了《好朋友就是這樣嘛》這本書，討論書中的情節及自己的經驗，了解好朋友就是偶爾會吵架然後再和好。這些過程透過書的內容表達出來，再讓孩子連結到生活經驗。閱讀就是不斷的與自身經驗做比對，有了共同的閱讀經驗後，這個班的孩子只要遇到同類型的問題，我們就會提起這本書，變成我們共同的語言。

　　如何開啟孩子閱讀的按鈕呢？與他們一起創造愉快的共同閱讀經驗吧！孩子還小的時候，親子共讀是最容易埋下閱讀種子的方法，而且越早開始越好。和孩子一起閱讀一本書，可以運用很多方式，例如：看圖說故事、一起演故事、尋找圖片線索、預測故事情節等，不僅可以讓閱讀變得有趣，還可以讓孩童練習口語表達能力。等到孩子長大入學了，除了持續的親子閱讀外，如果老師能夠在班級推動閱讀，透過全班共讀的方式共同討論書中議題，都會讓孩子有更深刻的閱讀經驗。

　　「再講一次那個故事。」孩子常常這樣要求，喜歡的故事重複聽，喜歡的

書也會重複閱讀，除了書本的內容引起孩子的共鳴外，更多時候他們是喜歡閱讀的愉快時光。常常有家長會問我如何讓孩子喜歡閱讀呢？其實很簡單，就是讓孩子擁有愉快的閱讀經驗，而那個經驗裡有你的陪伴。

我很喜歡買書，教室裡和家裡都有好多好多書，營造孩子隨時有書可以看的環境，每個「無事可做」的時段，都是看書的最好時間。出去旅行時背包裡裝一本書，等車或等餐點的時間可以閱讀；看醫生時帶一本書去，等候看診的時間可以看好幾頁；全家一起到咖啡廳喝下午茶，用書搭配美食一起享受閱讀好時光；假日到書局，一人一個角落翻閱新書……。當然，這些時候請大人們務必放下手機，一起閱讀吧！別忘了，孩子的閱讀經驗裡，需要複製大人的行為，在腦海裡留下很多「可以閱讀的時候」的畫面，孩子們也可以知道，原來這種時間不是只能滑手機啊！

 閱讀小知識

「愛的書庫」是台灣閱讀文化基金會在各縣市成立的書庫，老師可以上網預約整箱的書讓學生共讀。

小壁虎老師閱讀教室

幼 兒 親 子 共 讀 練 習 室

難易度 ★☆☆☆☆

▲適合場所：自在的地方

▲練習時間：5~10分鐘

▲練習步驟：
1 觀察圖片，說一說可能發生什麼事。
2 可以玩看圖故事接龍，依照圖片畫面，輪流說故事。

▲給大人的備忘錄：
幼兒尚未識字，但是對圖片的敏感度高，所以可以帶著孩子閱讀圖片的細節，常常會有大發現喔！

低 年 級 親 子 共 讀 練 習 室

難易度 ★☆☆☆☆

▲適合場所：自在且安靜的地方

▲練習時間：5~10分鐘

▲練習步驟：
1 讓孩子自己選一本書，看封面猜猜看：
　1 這本書的主角是誰？你怎麼知道的？（很多繪本會把主角放在封面上，引導幼兒在封面找找看）
　2 這本書可能的內容是什麼？你怎麼知道的？（可以從封面的圖片預測，引導孩子觀察圖片）
2 翻開書的內頁，看圖片說一說，不必跟文字內容一樣，單純看圖片發揮。一開始大人說，如果孩子跟著說了，就可以聽他說。

▲給大人的備忘錄：
聽孩子說的時候，千萬要忍住不批評，只要把握「回到文本」這個原則，孩子說的時候可以問他們：「你從哪裡知道的？」引導孩子依據繪本上的圖片或文字來說。

大 孩 子 親 子 共 讀 練 習 室

難易度 ★☆☆☆☆

▲適合場所：自在且安靜的地方

▲練習時間：15~30分鐘

▲練習步驟：
① 將書放在孩子經常活動的地方，可以隨時取書閱讀。
② 布置一個角落，可能是舒服的沙發或是躺椅，放上一盞立燈，營造舒適的閱讀角。
③ 固定睡前閱讀時間，讓閱讀成為睡前的儀式感。

▲給大人的備忘錄：
收起你的「臉書」，拿一本書跟孩子一起閱讀吧！

六　每個階段的不同閱讀風景

「老師，我看完了。」（這本書才剛翻開不到3分鐘）

「老師，我要去換一本書。」（短短10分鐘已經換了3本）

「喂！你看這個圖，好好笑喔！……」（每看一頁就找人聊天）

「ㄏ……ㄣ……ㄏㄣˇ……ㄐ……ㄧㄡ……ㄐㄧㄡ……ㄐㄧㄡˇ……」（音量有點大，手指還比著1234確認聲調）

發出聲音，是正常的

幼兒進行閱讀時，大部分是看著圖片、聽著大人說或念故事內容，透過聽覺進行理解的。而剛入小學的孩子，識字量有限，依賴的是國語課學到的注音符號拼讀，一個字一個字拼出讀音。拼音的過程中，孩子需要透過聲音辨識自己拼音、聲調是否正確，藉由聲音傳回腦部進行理解，所以孩子會發出聲音閱讀，這是正常的。就算等到拼音熟練了，識字量也提升了一點，他們還是會喜歡念出聲音來，因為聽到自己閱讀的聲音，有助於理解文章的意思。

只看圖，是正常的

孩子只看圖真的是非常正常的事，因為他們就還不識字或識字量不多嘛！體諒他們一下啊！觀察圖片也是一種閱讀方式，而且沒有受到文字干擾，反而看到更多成人專注在文字而沒發現的圖片細節。

一直換書，是正常的

孩子因為識字量不多，看完他喜歡的圖就是閱讀完畢，當然就可以換一本書啦！此外，想想我們到書店或圖書館選書的經驗，瀏覽書櫃後抽出一本書，看幾頁後覺得不喜歡或內容不是自己想要的，當然要放回去啊！所以，孩子們正在嘗試選擇自己想要閱讀的書，我們應該給他們自由選書的權利。

動來動去，是正常的

　　小一的注意力大概只能維持10分鐘，而且孩子身上就是有用不完的動能，即使眼睛看著書，身體還是可以動來動去，甚至他們會用自己覺得舒服的姿勢閱讀，有的蹲在桌底下，有的趴在地上，有的屁股扭來扭去，還有的會一直挖鼻孔，真的很可愛，只要不影響視力，就隨他吧！

說話，是正常的

　　小孩子很喜歡分享，不管看到什麼，第一時間就是跟身旁的人說。他們看書時也是這樣，看到什麼好笑的，就會想要立刻跟其他人說，就讓他們交換意見吧！

小壁虎老師閱讀教室

教孩子調整音量的方法

　　我喜歡用0~5來控制學生的音量。老師先示範0~5的音量，0就是完全無聲；1是講悄悄話的時候，只要對方聽得見就好；2是小組討論的時候，要讓組員聽得見，但是又不能讓其他組聽見的音量；3是上台發表時，老師站在教室後面也要能聽見的音量；4是下課時間開心談笑的音量；5是需要大吼時候的音量。

　　接著，我們就可以玩「調音」的遊戲，老師從0～5調整學生們的音量，然後隨意說出數字，讓學生聽到口令即時調整自己的音量。最後，讓孩子們用各自的速度朗讀繪本，朗讀的過程中，再玩一次「調音」遊戲，老師說出音量的數字，學生立刻調整音量，最後將朗讀音量停在1，告訴孩子這就是閱讀時的音量。這樣一來，閱讀時若出現聲音過大干擾到其他人，老師只要說：「音量要調到1喔！」就可以立刻獲得音量調降的效果。

▲給大人的備忘錄：

孩子閱讀時讀出聲音，我們可以藉此觀察朗讀的流暢度，從孩子對字詞的正確朗讀比率來了解其對文本之閱讀理解程度。若是朗讀流暢度提升，閱讀的速度快了，也有助於孩子進入默讀階段。

中年級的孩子開始進入閱讀流暢期，閱讀速度加快是啟動大量閱讀的階段，這時候大人們更需要與孩子一起共讀了！我們可以觀察孩子閱讀時的眼動，一般而言，若是閱讀流暢時，眼動是「逐行閱讀」的，看一行字是很滑順的眼動。如果是「逐字閱讀」，看一行文字的眼動會明顯比較慢的，這就表示孩子閱讀尚未達到流暢階段。

　　兒子讀完注音版的《頑皮故事集》後，姐姐推薦他看續集《淘氣故事集》，一拿到書後他說：「媽媽，你買錯了，這本沒有注音，我看不懂。」我讓他讀一段給我聽，發現的確是有幾個字讀不出來。我將那幾個字遮起來，請他再讀一次那一段然後說說看大意，他就發現，其實少了幾個字還是可以大概讀懂故事的意思。用這個方法繼續讀下去，他又發現會越讀越懂。這是因為故事在敘寫的時候有情節的連貫性，單字或單詞不懂的話，文章的前後文可以幫助理清。

　　如果孩子閱讀速度比其他孩子慢很多時，我們可以請孩子朗讀，聽聽看孩子在哪裡停頓、為什麼停頓。如果是因為遇到不會的字而停頓，可以請孩子先跳過去，能夠了解故事的內容就好，這個「跳過去」的策略孩子比較不敢使用，因為在學科的教學上，我們都會要孩子精準且正確的閱讀。

　　這讓我想起大學時教授使用原文教科書，我將每個不會的英文字都查字典，花了好多好多時間去知道單字的意思，但是閱讀理解並非是字義，而是句子和段落組成的意義，所以當時學起來特別辛苦。

　　最近看到國二的女兒在閱讀英文小說，我借來翻了一下發現書頁裡沒有密密麻麻的單字解釋，只有幾個單字用螢光筆畫起來，我詢問她每個英文單字都懂嗎？她說還是有不懂的單字啊！我又問她：「我沒看到妳查字典，妳是怎麼閱讀的呢？」她說：「我用螢光筆先畫起來，然後繼續讀下去大概就會懂故事的內容，如果那個單字重複出現，我還是不懂的話再去查就好。」

哇！好厲害的策略！所以這個策略在中文閱讀也是適用的，而且中文字還有部首、部件可以猜意思，猜字義、跳過去、前後文等多種策略運用，慢慢地就可以提升閱讀速度。

　　遇到不會的字不用急著查字典，我們可以使用下面的方法試試看：

1 別著急，再讀一次。

2 從字的部首想一想意思。

3 看前面的句子、看後面的句子猜一猜。

4 先跳過去，繼續往下讀，有可能等一下就懂了。

　　高年級的孩子開始出現閱讀的「貧富差距」，喜歡閱讀且有閱讀習慣的孩子，閱讀量和閱讀視野大躍進；而沒有閱讀習慣的孩子仍停留在文字量少的書，甚至幾乎不碰書本的也大有人在。但是，這個階段需要快速且大量閱讀、摘要的能力，透過閱讀多元文本來形成自己的觀點，且這階段的孩子自主性強，不太能接受大人的安排，我們只能費點心思創造閱讀需求來幫助孩子。

　　同樣的，我們可以觀察孩子閱讀的狀態：閱讀速度如何？閱讀的書籍文字量多寡？是否閱讀多種類的書籍？

　　女兒三年級開始接觸長篇小說《佐賀的超級阿嬤》，我看她平常閱讀速度很快，怎麼這本書看很久，於是問她：「這本書很難嗎？妳怎麼看這麼久？」她說：「這本書超好看的，不過我從第一章開始看的時候覺得不好看，也看不太懂，後來我先去目錄找覺得有趣的章節，從那個章節先看，跳來跳去看完後，我再把這本書從頭到尾看一次，真的超好看的。」女兒的這個閱讀方法好有趣啊！後來我在班上介紹這個方法，沒想到竟然很受歡迎，讓許多閱讀速度有點慢的學生開始閱讀長篇小

說了。長篇小說需要耐心，尤其是一開始故事的鋪陳、背景交代過長，常會讓孩子不想看下去，這時可以先跳到情節高潮的章節吸引他們的興趣後，就很容易將一本書看完。

最近上五年級的閱讀課，我採用的方法是無壓力的共讀一本書並進行閱讀討論，每週讀完幾個章節，花一點時間跟孩子們聊聊閱讀的內容，聊的內容依據孩子發表的方向而定，有時會在黑板上整理角色的行為、角色的性格、情節的發展、個人的經驗等，讓孩子知道他們正在討論哪個部分；有時我們會針對一個事件或一個概念進行討論；有時會將兩本書拿來比較。每次上課聽到孩子說：「老師，這本書太好看了！」我就知道成功了！

沒有壓力的閱讀主要目的是讓孩子接觸各類型的小說，閱讀能力弱的孩子，我偷偷告訴他沒辦法看很快的話就看多少算多少，但一定要花時間看。當全班熱烈討論時，閱讀能力弱的學生，從別人的口中聽到故事大概的樣貌，等到他自己慢慢閱讀的時候會更容易理解內容；而真的無法閱讀完整本書的孩子，還是可以從大家討論的內容知道大概。

我想，有的孩子並不是不閱讀，而是無法閱讀，這樣的孩子需要我們的幫助，從班上討論的內容他們可以聽到這本小說的精華，也是一種閱讀啊！如果學校有設備，可以利用語音朗讀功能自動朗讀電子書內容，或是聽有聲書，都是可以幫助孩子閱讀的工具。

兒子六年級時問我：「媽媽妳認識林良嗎？我們的課文是林良寫的，老師說他出了很多書，妳知道有哪些書嗎？」媽媽我立刻上網查書目給他看，並從圖書館借了2本《我是一隻狐狸狗》回家，一本我看、一本他看。每天睡覺前20分鐘，我們兩個都在閱讀這本書，有時他會提出疑問，我會回應個幾句，然後繼續閱讀。這本書讀完後，我又幫他借了《有人緣的香蕉》和《永遠的小太陽林良》，透過這2本書瞭解林良小時候的生活，他讀得津津有味。

最近他又問我：「媽媽你認識賈伯斯嗎？……」看完《堅持創新的賈伯

斯》後，他發現封面的折口有其他人物書籍的推薦，就這樣一本接著一本的讀下去。

　　抓住孩子閱讀的動機和時機很重要，如果當時我們只是上網查林良的資料，大概就沒有後續這些閱讀了！透過一本本書籍的閱讀來認識一個作家或一個人物，更能堆砌出自己對這個作家或人物的想像和理解。

Chapter 2

閱讀習慣養成

方案

一 寫一點什麼──
每日閱讀紀錄

　　以前當學生的時候，老師會要我們摘錄書中的名言佳句，但是什麼是名言佳句呢？在那考試為首的年代，當然就是那些「會考出來的重點」、「可以用在作文中」的句子。離開校園後，自己在閱讀的時候會將一些產生共鳴的句子抄寫下來，這些句子有的時候是勵志用的，有的時候是心有戚戚焉的感受。

　　閱讀紀錄要寫什麼呢？為什麼要讓孩子寫閱讀紀錄呢？剛開始在班上推閱讀的時候，我常為了這兩個問題想了又想。如果沒有讓孩子留下一點什麼紀錄，好像檔案裡就少了什麼來證明我們有推動閱讀、孩子有認真閱讀。但是，閱讀需要證明什麼呢？每一次的閱讀，都是自我與文字的交流，我的感受深刻不代表別人也能感同身受啊！思緒到此，我忽然豁然開朗了，「寫下那些對我而言有意義的句子」不就是閱讀有感受具體呈現的第一步！

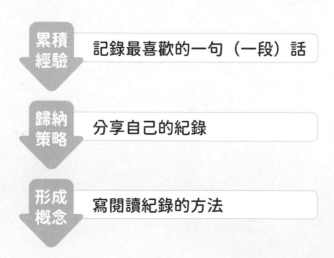

累積經驗　記錄最喜歡的一句（一段）話

歸納策略　分享自己的紀錄

形成概念　寫閱讀紀錄的方法

—————— 小壁虎老師閱讀教室 ——————

寫閱讀紀錄的方法

難易度 ★☆☆☆☆

▲適合對象：剛開始學習寫閱讀紀錄的孩子

▲練習步驟：

❶ 累積經驗

　1 每天閱讀的時候記錄下列資訊：閱讀日期、書名、最喜歡的一句（一段）話

　2 連續記錄2～3週。

❷ 歸納策略

　1 重新閱讀自己的紀錄，找出「看了這個紀錄後，我會想重新看這本書」的紀錄做記號。

　2 挑選做了記號的3個紀錄寫在小紙條上（可以用句型引導孩子書寫：我喜歡「書名」中的……），並想一想當初挑這個句子記錄的原因。

　3 孩子跟大家分享小紙條時，大人可以追問孩子：「寫這個紀錄的時候，你當時想到什麼？」孩子分享的時候，大人幫忙賦予意義。

❸ 形成概念

　從他人的分享中，可以獲得寫記錄的靈感，閱讀記錄可以寫的面向很多元，如果讓孩子多說一點自己的想法，大人從孩子的想法中找到肯定孩子的意義，最後歸納眾人的想法後，整理出自己可以跟著做的方向。如此作為引導孩子寫閱讀紀錄的開端，讓閱讀與自己產生意義。

❶ 小琳 的每日閱讀紀錄

111 年 03 月 14 日星期一

書名：南方之島的仙蒂拉

我最喜歡書中的一段話：

（仙蒂拉在河裡抓到了一條魚。　　　　　　）

---

111 年 03 月 15 日星期二

書名：不一樣的野餐

我最喜歡書中的一段話：

（對啊！露營都是睡在帳篷裡的。　　　　　　）

---

111 年 03 月 16 日星期三

書名：丫丫的一天

我最喜歡書中的一段話：

（哇！你真的嚇了我一跳！　　　　　　　　　）

---

111 年 03 月 17 日星期四

書名：奶奶來了

我最喜歡書中的一段話：

（吶──爸爸，奶奶有像媽媽愛我那樣的愛你嗎？　）

---

111 年 03 月 18 日星期五

書名：鹿頭上的櫻桃樹

我最喜歡書中的一段話：

（噢！如此鮮美的果實，有生以來從來沒有吃過哩！　）

❷ 重點歸納

我喜歡<u>逃家小兔</u>中的一段話：<u>如果你變成溪裡的小鱒魚。</u>

寫這個紀錄的時候，你當時想到什麼？

<u>如果我變成溪裡的小鱒魚，我會勇敢的游到我想去的地方。</u>

你記錄的是**你可以勇敢的做想做的事情。**

我喜歡<u>大青蛙被燙傷了</u>中的一段話：<u>採取第五步快送去醫院。</u>

寫這個紀錄的時候，你當時想到什麼？

<u>有一次我被湯燙到了，媽媽也是帶我去醫院。</u>

你記錄的是**自己跟主角有相同的經驗。**

我喜歡<u>小蘑菇聽音樂書</u>中的一段話：<u>人魚公主偷偷地喜歡上</u>

<u>王子。</u>

寫這個紀錄的時候，你當時想到什麼？

<u>人魚公主為了王子願意變成人類，我很感動。</u>

你記錄的是**讓你感動的部分。**

_____的每日閱讀紀錄

_____年____月____日_____

書名：_____

我最喜歡書中的一段話：

_____

二 全班共讀一本書——
閱讀打卡

　　有一陣子我參加了一個兩岸教師讀書會，當時使用微信app內的一個打卡小程式，每天都要將自己的閱讀進度和閱讀時的想法上傳，這個小程式除了會記錄打卡天數、在固定時間提醒未打卡的人，還會通知已經有多少人堅持打卡幾天督促大家。這個小程式激起了我「輸人不輸陣」的鬥志，每天堅持閱讀打卡外，還可以看看別人的閱讀想法，在網路世界也能達到共讀的目標。

　　我跟班上小朋友分享這件事，還讓他們看看老師現在讀的專業書籍，他們一看密密麻麻的小字，都露出佩服的眼神（老師自己認為他們是佩服，哈）。其實，班上孩子每天都會在聯絡簿上登記閱讀的書名和頁數，但是只有自己知道，無法分享，有了這個小程式的啟發，我在班上也發起了閱讀打卡活動。

　　這是孩子第一次閱讀長篇故事，一開始為了避免有的孩子看到字數多，或是閱讀速度慢而放棄，第一天打卡後先邀請孩子們說說閱讀的情況，並且不斷的告訴他們，閱讀的速度不必跟其他人比賽，每個人都有自己的閱讀速度和時間安排。想法的紀錄不要寫那種很表面的閱讀心得，要寫「真心話」，自己心裡真正想寫的話。有孩子只寫了「很好看，我想一直看下去但是沒有時間。」我請他寫出「具體事實」，讓我們知道有多好看、如何沒時間。每個人按照自己的時間決定讀幾頁，讓孩子練習寫出閱讀時心中真正的想法，而不是「師長期望」的閱讀心得。

打卡日記 🔍

👤 **蔡孟耘**
剛剛·已堅持 8 天

P52~65
開始讀這一節時，先看了文本，想著第一節學
到的：理解與運用並重的教學（理解課文內容、
學習語文形式、知識轉化為技能）
但如何找出「運用」的教學點呢？
在 P55，語文素養包含
1. 語文知識能力（語文技術的訓練）
2. 文學人文素養（藝術的審美薰陶）
-> 課文屬於哪個範疇，才能有針對性地選擇教
學內容
另外，要找出課文獨有的特性，並考慮學情避
免重複教學。

閱讀打卡

難易度 ★★☆☆☆

▲適合對象：多人共讀同一本書時、第一次閱讀長篇故事的孩子

▲練習步驟：

❶ 每天將閱讀的頁數和閱讀時浮現的想法記錄下來。

❷ 隔天將小卡放進專屬的透明卡套裡。

❸ 可以邀請孩子分享閱讀時的想法，進而一起聊書、討論書中內容。

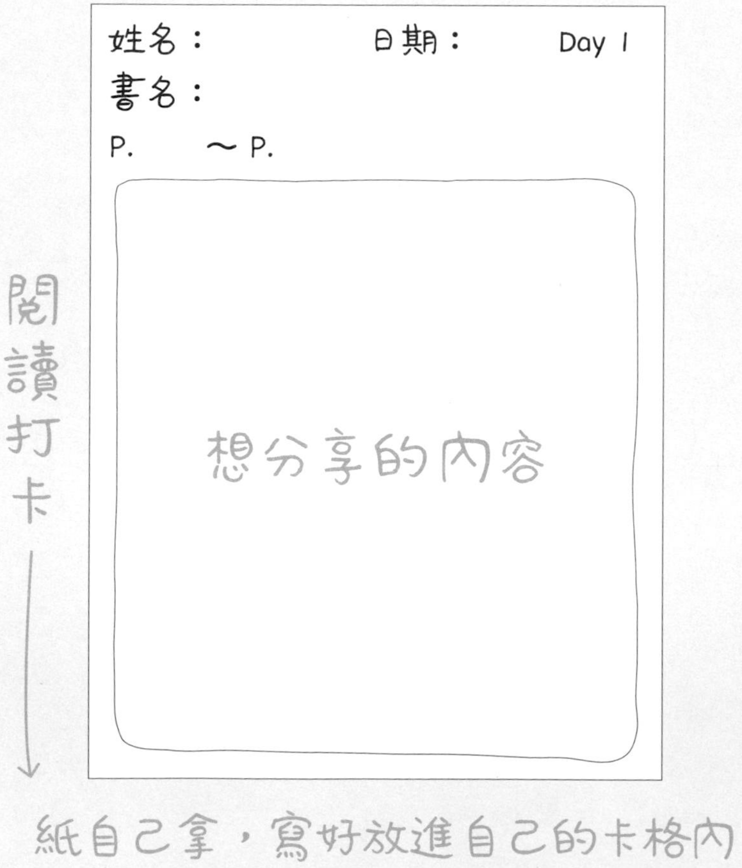

閱讀打卡 →

姓名：　　　　日期：　　　Day 1

書名：

P.　　～P.

想分享的內容

紙自己拿，寫好放進自己的卡格內

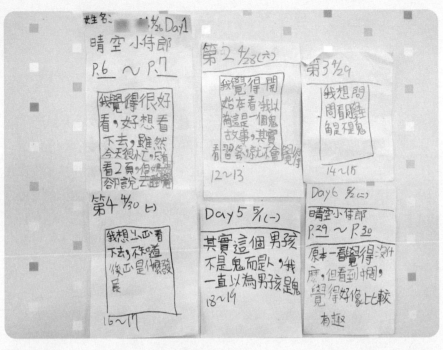

姓名：⬛⬛⬛ 4/26 Day1
晴空小侍郎
P.6 ～ P.7

第2 4/28(六)

第3 4/29

Day6 5/2(二)

我覺得很好
看，好想看
下去，雖然
今天很水亡，只有
看2頁，但媽媽
卻說云里霧⬛

我覺得開
始本看我以
為這是一個鬼
故事，其實
看習慣就不會覺得
12～13

我想問
問看晴空
是真是鬼
14～15

晴空小侍郎
P.29 ～ P.30

第4 4/30(日)

Day5 5/1(一)

原本一看覺得沒什
麼，但看到中間，
覺得好像比較
有趣

我想出正看
下去，知道
後正是什麼發
展
16～17

其實這個男孩
不是鬼而是人，我
一直以為男孩是鬼
18～19

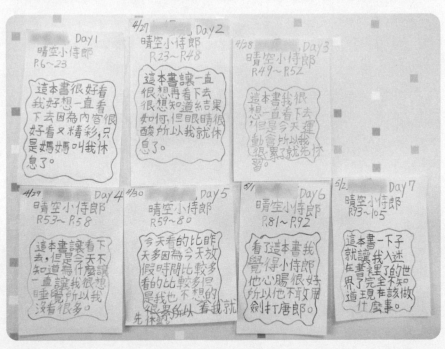

⬛⬛⬛ Day1
晴空小侍郎
P.6～23

4/27 ⬛⬛⬛ Day2
晴空小侍郎
P.23～P.48

4/28 ⬛⬛⬛ Day3
晴空小侍郎
P.49～P.52

這本書很好看
我好想一直看
下去因為內容很
好看又精彩,只
是媽媽叫我休
息了。

這本書讓一直
很想再看下去
很想知道結果
如何,但眼睛很
酸所以我就休
息了。

這本書我很
想一直看下去
但是今天運
動會所以我
很累了就先休
息。

4/29 ⬛⬛⬛ Day4
晴空小侍郎
P.53～P.58

4/30 ⬛⬛⬛ Day5
晴空小侍郎
P.59～80

5/1 ⬛⬛⬛ Day6
晴空小侍郎
P.81～P.92

5/2 ⬛⬛⬛ Day7
晴空小侍郎
P.93～105

這本書讓看下
去,但是我今天不
知道為什麼讓
一直讓我很想
睡覺所以我
沒看很多。

今天看的比昨
天多因為今天放
假時間比較多
看的比較多,但
是我也不想的
很累所以看我就
先休息。

看了這本書我
覺得小侍郎
他心腸很好
所以他不敢用
劍打唐郎。

這本書一下子
就讓我入迷
在書裡了的世
界了完全不知
道現在該做
什麼事。

三 全班共讀一套書
——閱讀小貼貼

有次開車時聽廣播介紹一本有趣的書——《S.》中文版全球獨家收藏盒。有位女讀者在圖書館撿到《西修斯之船》這本文學名著,翻開內頁後發現有許多筆記,這位女讀者讀著讀著忍不住也拿起筆,在書中寫下自己的見解,再把書放回原處。隔天,男讀者來取書,他讀了女讀者的留言後,也拿起筆來寫下回應,再把書放回去。於是,兩個素昧平生的讀者,在書頁中一來一往的研究這本書的內容,希望可以找到作者失蹤的答案。

聽完廣播介紹後,我立刻上網訂購。這本書用一個盒子裝著,裡面附了23個配件,擬真的呈現兩個讀者互傳的重要線索。閱讀這本書實在很有趣,我總是被文字旁的手寫筆跡吸引,那些一來一往的註解,解讀著書中的字句,連我都想加入「討論」了!

這本書給了我靈感,閱讀時,讀者與文章間的對話是不斷發生的,如果可以書寫在文章旁,加上不同人的註解、互動,一定很吸引人。於是,我設計了「閱讀小貼貼」活動,每天寫閱讀小貼貼的時候,也會看到別人前幾天貼的小貼貼,透過引導語開啟閱讀紀錄的趣味,將閱讀層次融入其中,孩子們覺得很有趣,不知不覺就將整套書都讀完了,而且還不只讀一次呢!

--- 小壁虎老師閱讀教室 ---

閱讀小貼貼

難易度 ★★☆☆☆

▲適合對象：多人共讀同一套書

▲練習步驟：

① 選擇一套冊數與參與人數相同的書。

② 每人每天輪流帶一本回去閱讀，沒有限定閱讀的頁數和時間，只要讀到可以貼上N次貼的內容就好。所以有可能一本書會輪到好多次，再輪到的時候可以接續上次閱讀的頁數繼續讀。

③ 用語助詞或引導語開頭，孩子用接寫句子的方式在N次貼上寫下註解，並貼在書頁上。

④ 因為每天都帶不同的書回去閱讀，所以下列每一種句子都可以用好幾天。不過還是要考慮避免疲乏產生，我都是3天換一種句子。

1 「哇！……」還有這種事
2 「咦！……」這裡有點奇怪
3 「嗯！……」我同意
4 「哈！……」這裡很有趣
5 「這裡很重要……」找重點
6 「我喜歡這裡……」分享
7 「什麼是……」提出自己不懂處
8 「為什麼……」提出疑問
9 「請問……」問一個問題
10 「這裡讓我想到……」連結舊經驗
11 「我發現……」自己從來不知道的事
12 「你一定要看這裡……」分享
13 回應別人的小貼貼（同意、反對、提出看法）
14 回答別人的小貼貼

四 閱讀心得很好寫
——句子接寫法

女兒幼兒園中班的時候，有一次帶了一個小袋子回家，裡面裝了一本書和一張親子共讀閱讀紀錄單。那張學習單上除了寫上書籍資料，還要分享閱讀心得和畫出書中的內容，考量到中班的小朋友不會寫字，所以整張學習單要由家長用注音符號寫出來。我和女兒一起看完了那本書，並將女兒的心得感想寫在學習單上：「這本書很好看。」沒想到，竟然被老師退回來，說心得寫太少。推動閱讀的動機是好的，但方式我不太認同，有多少家長可以幫孩子用注音完成這張學習單？再者，不識字的幼兒透過圖畫書中的圖畫開啟想像，他們需要的是聽故事和一起想像的陪伴。

有了女兒的經驗，我在班上推動閱讀時，對於閱讀心得紀錄如何寫、為何而寫思考更多。心得感想必須是個人的經驗、背景或記憶與文本產生連結時才有可能產生。我應該如何引導學生體會閱讀是讀者與文字的交流，有所感而有所得呢？

我將閱讀心得寫作歸納成四個大方向，再從這四個大方向設計成句子接寫的方式，引導孩子寫出閱讀心得：

1 重點摘要：隨看隨記式的想法記錄、內容濃縮式的大意簡述。

2 建立連結：與書中角色有相同經驗、想像自己是書中的角色。

3 觸動省思：觸動心靈或引發反思的情節、學習獲得成長的內容。

4 推薦評論：推薦他人閱讀、提出自己觀點。

小壁虎老師閱讀教室

閱讀心得很好寫

難易度 ★★☆☆☆

▲適合對象：閱讀故事類書籍的中、高年級學生（低年級可以引導用說的）

▲練習步驟：

❶ 列出10種接寫的句子，讓學生自由選擇適合的使用。

❷ 閱讀心得可以這樣寫：

　1 我覺得（主角）做的（什麼事情）讓我感到很佩服，因為……

　2 我覺得（主角）做的（什麼事情）讓我感到很感動，因為……

　3 我覺得（主角）做的（什麼事情）讓我感到很奇怪，因為……

　4 我很喜歡這本書的（哪一個畫面或情節），因為……

　5 我不喜歡這本書的……，因為……

　6 我希望可以跟（主角）一樣，因為……

　7 我也做過（跟主角同樣的事），後來……

　8 看了這本書後，我學到……

　9 我想要試試看書中說的什麼事情，因為……

　10 我想推薦這本書給（誰）看，因為……

五 讓閱讀累積看得見 ──閱讀樹

　　我很喜歡買書，書櫃視線可及的那一層一定留兩格空間，一格放未讀的，一格放讀過的，等到讀過的那一格堆滿了後，再分類放到上層。看到讀過的書疊高，是很有成就感的一件事。

　　閱讀累積我們大部分都是使用登記表，記錄書名、閱讀日期之類的項目。不過，這種登記表需要「拿出來」才看得到，而且只有自己看得到，久而久之學生就不拿出來看或弄丟了。

　　2011年我帶著一年級的學生參加教育廣播電台「閱讀一百」的活動，當時我們創下每個人都讀完100本書的紀錄。為了讓孩子有具體累積的感覺，我設計了「閱讀樹」，每個人的閱讀樹公開在公佈欄上，隨時可見自己與他人的數量差距。每個人的閱讀樹長相都不太一樣，有的枝葉茂盛，有的落英繽紛。

 小壁虎老師閱讀教室

閱讀樹

難易度 ★☆☆☆☆

▲適合對象：沒有限定

▲練習步驟：
❶ 準備pp板或厚紙板、木紋色紙、泡棉膠、有數字的圓形標籤（黃色和綠色）
❷ 學生將木紋色紙剪出樹幹和樹枝，用泡棉膠貼在PP板或厚紙板上。將圓形標籤發給學生，可以兩種顏色各半，長出來的樹葉會比較活潑好看。
❸ 如果是指定閱讀的書籍，先將每一本書編號，閱讀完一本書後就撕一張相對應數字的圓形標籤，貼到自己的樹上。如果沒有指定閱讀，那就可以按照閱讀本數的數字順序貼。

煜翔的閱讀樹　子琳的閱讀樹　廷蔚的閱讀樹
虹宣的閱讀樹　芷瑩的閱讀樹　姿伶的閱讀樹
湘穎的閱讀樹　怡晴的閱讀樹　奕良的閱讀樹

六 家庭閱讀氣氛──閱讀咒語

我家孩子還小的時候，我就將第四台停掉了，放學後沒有電視頻道的綁架，他們會自己找事情做。近幾年學校推動閱讀的腳步加快，但我們發現，孩子在家庭裡閱讀的時間卻很少，以前是電視佔據了全家人的目光，現在則是3C產品霸佔所有人的時間。

習慣是養成的，我們希望孩子有閱讀習慣，就要營造適合的環境，讓他們自然而然就開始閱讀。閱讀習慣養成最重要的支持來自於家庭，父母的身教是影響孩子喜歡閱讀的重要因素。閱讀習慣的養成，越早開始越好！

為了傳達家庭閱讀的重要性，我編了一個閱讀咒語，每天將這個咒語實施一次，輕鬆就可以跟孩子一起享受閱讀時光。

 小壁虎老師閱讀教室

閱讀咒語

難易度 ★☆☆☆☆

▲適合對象：沒有限定

▲練習步驟：

❶ **乎西乎卡～**
創造各式各樣閱讀的理由，包包裡有書、沙發旁有書、床頭有書……讓閱讀「無時無刻」都存在。

❷ **啪啪收～**
每天只要10分鐘，將家中的電視「啪」的一聲關掉、電腦「啪」的一聲關機、手機和平板通通收起來，全家一起閱讀。我們常聽到家長反應，孩子不管怎麼叫就是不肯去看書，仔細詢問下發現，通常爸媽在

看電視或上網、玩手機或做其他的家事，卻要孩子去看書，高估了孩子自制的能力。只要10分鐘，全家一起選個喜歡的地點、舒適的姿勢，「安靜的」閱讀自己的書。10分鐘很快，設個鬧鐘時間到就可以自己選擇要不要繼續，但是持續每天10分鐘閱讀的力量也很大，因為專注力不知不覺提升了，閱讀時間就會自動延長。

❸ 七七粗粗哇嗯哈～

閱讀是愉快的、無負擔的，父母可以自在的「七七粗粗」（閩南語）跟孩子分享書中的內容、自己對書中內容的看法 ──「哇！我發現……」、「嗯！我同意書中說的……」、「哈哈！這本書這裡真有趣……」。別以為孩子小聽不懂，在父母主動分享的過程中，孩子接收的是父母的思考與看法，父母的言教、身教都在無形中傳達給孩子。

▲給大人的備忘錄：

父母也可以與孩子聊書，用簡單的問題引導孩子說：

文章、故事在說什麼？（然後呢？結果呢？）

主角是誰？（為什麼？）

發生了什麼事？（然後呢？）

結果呢？（接著說說看）。

在與孩子聊書的過程中，切忌用任何負面的詞語否定孩子，不管孩子說的如何，父母只要重複「然後呢？」「結果呢？」這些問句引導孩子有信心的說出來即可。我在一年級的班上試過，每天都這樣做，經過一個月，孩子會非常流利且完整的說出書中的內容。我們要讓孩子感受到閱讀是件快樂的事，這件事很重要，很多父母逼著孩子閱讀，說：「你這裡說錯了！」「你漏掉了……」這樣的話對培養孩子閱讀沒有幫助，唯有讓孩子的記憶裡存在閱讀的快樂經驗，孩子日後才會想要主動閱讀。

透過閱讀孩子學習到的不僅僅是記憶性的知識，更多是思維能力的提升。低年級孩子閱讀的書籍大部分為故事類，透過閱讀累積大量詞彙；中年級閱讀開始進入流暢期，透過閱讀累積推論、摘要、歸納的經驗；到了高年級後，閱讀長篇的小說、知識類書籍進行自主學習、組織結構知識。一旦孩子養成閱讀習慣後，自然而然會提升語文能力、理解能力。

Chapter 3

閱讀

方法　隱形

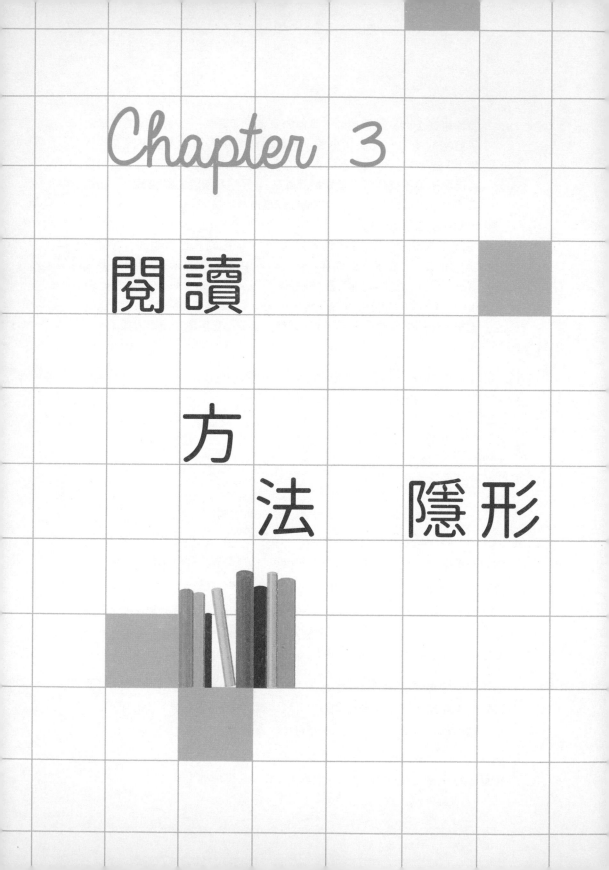

出招

一　看圖說故事

　　孩子小時候睡覺前喜歡聽故事，有的時候我講故事講到累了停下來，孩子就會「然後呢？然後呢？」問不停，催促我趕快說下去。有的時候我為了趕快結束，把書翻到最後一頁說：「最後他們就過著幸福快樂的日子了。」孩子常常又追問：「為什麼？為什麼他們就幸福快樂？」當媽媽很累的時候，聽到這些問題時真的想抓狂啊！這時，我就會把說故事的主導權交給孩子，用一些方法引導孩子換他接著說。

　　有一次，我帶兒子看《抱抱》這本書，這本書裡使用到的文字只有「抱抱」、「媽媽」，用來說睡前故事很適合，因為可以隨著圖片編故事，想講久一點就把圖片看仔細一點，想快點結束就可以跳過圖片細節，將情節快速帶過。沒想到，書裡的動物們引起兒子的興趣，成為日後點播率最高的書。重複閱讀後，有一次換兒子說故事給我聽，當他念「抱抱」這兩個字的時候，有時小小聲，有時很大聲的喊「抱抱」，原來他發現「抱抱」的字體有大有小，搭配圖片情節，就變成主角小猴子說話的音量。連我都沒有發現的小細節，不識字的他竟然如此自然就知道。

　　識字量不多的孩子，閱讀時的視線幾乎都是被圖畫吸引，圖片上有好多線索可以讓他們編織故事，這時候如果搭配成人在旁說故事，孩子更可以將圖片與故事意義連結。其實，繪本裡的圖畫都是精心設計過的，單獨看圖也能串起故事，利用這個特性來引導孩子看圖說故事，會有意外驚喜。

　　對已經識字的孩子來說，圖片可以輔助理解故事情節，增加閱讀趣味，圖文搭配閱讀，連結文字的意義，更能增進理解。

　　《威利在哪裡》這套書推出後非常受歡迎，威利穿著紅白條紋的襯衫並戴著一頂毛線帽，手上拿著手杖，臉上還戴著一副眼鏡。大人小孩都喜歡在

密密麻麻的畫面中尋找威利，作者會用一點線索引導讀者，例如：威利總是會弄丟東西，如書本、野營設備甚至是他的鞋子，而讀者也要幫他在圖中找出這些東西來。

　　比起文字，圖片更能吸引孩子的注意力，習慣閱讀文字的成人會忽略的細節，孩子總能輕易發現。圖片的場景、色彩、角色的表情、動作，協助讀者堆疊出故事情節。好的圖畫書能讓孩子透過圖片線索推敲故事情節，一步步引導讀者看圖閱讀出故事的趣味。我們可以發展出很多好玩的閱讀方式，讓剛開始接觸書的孩子先愛上閱讀。

　　閱讀時從文本裡找線索是訓練孩子做推論的前奏曲，孩子必須根據文本來推敲。對於剛開始練習閱讀的孩子來說，可以先從簡單的圖畫裡找線索來說明自己的看法，讓自己的說法「有憑有據」。

小壁虎老師閱讀教室

找線索——《獅子燙頭髮》

	閱讀	➡ 畫圖	➡ 找線索
孩子	自己閱讀	白紙數張 畫出最喜歡的獅子圖	在書中找到文字線索，寫在 N 次貼上，並貼到相對應的圖上
家長	親子共讀	一起畫出自己最喜歡的獅子圖數張	畫作和文字線索配對比賽爸媽念文字，孩子找出對應的畫作
老師	導讀	搭配藝術課的蠟筆、水彩畫一張八開的圖畫	畫作貼出來，孩子猜猜看引導孩子說說猜的理由

選材：繪本、圖片線索能與文字搭配

　　《獅子燙頭髮》這本書的主角獅子很想要一頭美麗的波浪般的頭髮，於是找來聰明的狐狸想辦法，狐狸試了一次又一次，雖然失敗了好幾次，但狐狸還是不斷的動腦筋想完成獅子的心願。最後狐狸用了什麼辦法讓獅子的頭髮變成波浪一樣呢？

　　孩子拿到書後先自己瀏覽內容，準備幾張白紙讓孩子作畫，爸媽也可以一起加入作畫行列。在書中找幾張最喜歡的獅子圖片畫下來，最後交換畫作（或是一起看同一幅畫作）。

　　在書中找到搭配圖片線索的文字，寫在 N 次貼上貼在相對應的圖片上，若是孩子年紀比較小，也可以依據大人唸的故事內容來找，爸媽可以和孩子比賽看看誰找到的線索多喔！如果是班級學生，可以搭配藝術課的蠟筆、水彩畫一張八開的圖畫，完成後全部排出來讓大家猜猜看，同學畫的是獅子燙

頭髮前的圖片？還是燙頭髮後的圖片？猜的時候可以搭配文字內容，找出燙髮前後的關鍵敘述。

　　哪幾張圖畫的是獅子還沒燙頭髮前的樣子呢？先從書裡找線索，再看看圖畫裡的哪個線索讓你這麼覺得？

　　書裡提到的線索是：獅子的頭髮是直的？燙髮前的天氣是晴朗的？有的圖畫還畫出了風吹動頭髮的感覺？哪幾張圖畫的是獅子燙頭髮後的樣子呢？先從書裡找線索，再看看圖畫裡的哪個線索讓你這麼覺得？

　　書裡提到的線索是：捲頭髮、閃電、天氣不佳、笑臉。

圖片線索輔助閱讀理解 ——《鱷魚愛上長頸鹿3：有你真好》

最近遇到一個學習教室的孩子，因為各種學習問題導致無法跟上班級的上課進度，當大家在做閱讀任務的時候，我拿了這本書和他一起閱讀，閱讀的過程中，因為孩子注音拼讀狀況不太好，所以當孩子拼音拼出來並非正確的讀音時，我直接說出正確音讓他可以順利閱讀。一個句子重複讀（讀出聲音）至流暢後，利用提問讓孩子說出他的理解，若是孩子說不出來的時候，就請他看看圖片找找線索再說一次。這個方法可以用在剛學拼音識字的孩子，爸媽和孩子一起閱讀時透過一句一句的朗讀、流暢確認，讓孩子解釋句子的意思來確認閱讀理解程度。

《鱷魚愛上長頸鹿3：有你真好》這本書的鱷魚和長頸鹿住在一棟很棒的房子，這個房子的設計讓差異很大的兩人都能過得很舒服。不過，因為這對夫妻兩人實在相差太多，出門總是會有人對他們指指點點，沒想到鱷魚城發生了一場驚險的火災，這對特別的夫妻順利將大家救出火場，大家消除了對他們的成見。

這本書的編排方式是將文字放在圖片的下方，孩子方便將文字與圖片對照看，文字也很容易在圖片中找到線索理解。在與孩子對話的過程，我用了重複讀、提示他讀不懂的時候可以從圖片找線索，孩子很快就學會，我要他讀的句子也從一個短句慢慢的加長，並且從句子的意思到語詞意思的確認，如此讓孩子從容易達成到難度增加一點的成功經驗，鞏固孩子閱讀的信心。

孩子：鱷魚和長頸鹿是一對恩愛的夫妻（拼讀狀況不佳）。

小壁虎老師：再念一次（讓孩子重複念直到流暢）。

小壁虎老師：這句是什麼意思？

孩子：鱷魚和長頸鹿是……（停住思考）

小壁虎老師：夫妻是什麼意思你知道嗎？

孩子：是老公和老婆嗎？

小壁虎老師：你知道誰是老公誰是老婆嗎？

孩子：（指著長頸鹿）

小壁虎老師：為什麼長頸鹿是老婆？

孩子：因為她穿得像女生。

小壁虎老師：你可以再看看圖片哪裡穿得像女生嗎？老師覺得他們的褲子和
衣服都很像啊，分不出來誰是老婆。

孩子：（仔細看圖片）啊！她穿這種鞋子。

小壁虎老師：這是高跟鞋，女生會穿的鞋子。等一下如果你讀不懂的時候，
就可以看看圖片。

孩子：雖然長頸鹿非常高，鱷魚非常矮（拼讀狀況不佳）。

小壁虎老師：再念一次（讓孩子重複念直到流暢）。

小壁虎老師：這句是什麼意思？

孩子：（指著圖片）長頸鹿長得很高，鱷魚站著比較
矮。

孩子：他們住的房子卻非常特別（拼讀狀況不佳）。

小壁虎老師：再念一次（讓孩子重複念直到流暢）。

小壁虎老師：這句是什麼意思？

孩子：他們住的房子很奇怪。

小壁虎老師：你可以看看圖片，房子有什麼特別的
地方？

孩子：有兩個門，一個門比較大一個門比較小。

小壁虎老師：這樣兩個門有什麼特別？

孩子：長頸鹿的門比較大，因為他比較高。

小壁虎老師：再讀一次這句。

孩子：他們住的房子卻非常特別。

小壁虎老師：這句是什麼意思？

孩子：（指著圖片）他們的房子有兩個門，一個大一個小，剛好可以讓他們進去。

小壁虎老師：所以這就是他們的房子特別的地方。

孩子：這間房子讓他們不必擔心身高的問題。（拼讀狀況不佳）。

小壁虎老師：再念一次（讓孩子重複念直到流暢）。

小壁虎老師：這句是什麼意思？

孩子：（指著圖片）不必關心身高……

小壁虎老師：你剛剛說長頸鹿可以從大的門進去，鱷魚可以從小的門進去，所以他們進出會不會有問題？

孩子：不會啊，鱷魚從小的門，長頸鹿從大的門。

小壁虎老師：所以他們就不必「擔心」一高一矮不能進家門的問題了。

孩子：這天，他們兩個一起在樹上乘涼，雖然這樣很舒服。（拼讀狀況不佳）。

小壁虎老師：再念一次（讓孩子重複念直到流暢）。

小壁虎老師：「乘涼」是什麼意思？

孩子：（觀察圖片）在樹下吹風比較涼快。

小壁虎老師：你怎麼知道的？

孩子：（指著圖）在樹下比較涼快。

孩子：這天，他們兩個一起在樹上乘涼，雖然這樣很舒服，但是也有一點無聊，鱷魚說：「走吧！我們去城裡逛逛吧！」（前面理解後的句子讀得很順，後面的句子幾個字拼不出來）

小壁虎老師：再讀一次。

小壁虎老師：「無聊」是什麼意思？

孩子：（看圖片）他們應該是吃了餅乾喝飲料後就沒事做。

圖片放大鏡——《到烏龜國去》

　　看圖片的時候要像拿著放大鏡一樣，將圖片所有的細節仔細說出來，越仔細越好，這個活動有助於孩子專注於細節訊息，也可以順便練習口說表達。一開始看圖片的時候可能會東說說、西說說，看到什麼講什麼，慢慢的我們可以引導孩子有順序的說（由遠到近、大到小、外到內等）。

　　這個閱讀活動可以跟孩子比賽，看誰能夠將圖片說得最詳細，也可以幫別人補充細節，若是班級學生人數多就更好玩了。還可以玩「你說我找」的遊戲，每個人都拿同一本書，一人將圖片描述出來，其他人猜這張圖片是在哪一頁，越快被猜到的表示描述得很清楚且重點明確，就是贏家，班級可以玩，親子間也可以增加閱讀互動樂趣。

　　《到烏龜國去》這本書裡的小兔子開心的搭飛機到烏龜國旅行，沒想到烏龜國是個慢動作的國家，小兔子會發生什麼事呢？

❶ 標題、圖片預測

小壁虎老師：《到烏龜國去》封面上的書名，有一個字它的樣子就是一隻烏龜樣子，你們看出來了嗎？仔細看封面圖片，書的主角大部分都會出現在封面上，這本書的主角可能是誰？

孩子A：兔子

孩子B：烏龜

小壁虎老師：兔子要到烏龜國去，你們覺得烏龜國長什麼樣子？

孩子A：有很多烏龜。

孩子B：應該整個國家都是烏龜。

孩子C：跟我們一樣，有烏龜學校、烏龜餐廳、烏龜7-11……。

孩子D：烏龜會跟人一樣站著走路。

小壁虎老師：小兔子在機場準備搭飛機到烏龜國，仔細看繪本內的圖，將看到的圖詳細說出來。

孩子 A：兔子站在窗戶前面向機場外面看過去，有一架飛機停在停機坪上準備，飛機旁邊有車子。（提醒孩子，故事內容要根據圖片而來，最好用手指頭指著正在說的圖片細節，幫助自己專注。）

小壁虎老師：有沒有人要補充的？

孩子 B：等飛機的地方沒有椅子，只有欄杆。

小壁虎老師：你怎麼知道兔子是在等飛機？有沒有可能這是烏龜國的機場呢？

孩子 C：這應該是烏龜國的機場，因為旁邊的字寫「這是他第一次到烏龜國」。

孩子 D：兔子揹著一個包包，他好像有一點緊張。

小壁虎老師：你怎麼知道兔子有一點緊張？

孩子 D：因為他的表情，我覺得他很緊張。

❷ 故事時間

老師開始說故事，這個烏龜國真的很特別，烏龜帶兔子到餐廳用餐，沒想到等餐點的時間竟然要六個小時，等下一班火車竟然要一個月，看一場電影要十一個小時……。說故事的時候，我會特別加強時間的長度感受，讓孩子更能體會烏龜國的慢速生活。

故事的結局也非常有趣，我會加入機場廣播的聲音：「各位旅客請注意，各位旅客請注意，飛往兔子國的班機因為機械故障，將進行維修，起飛時間更改為六個月後。」

故事接龍——《到底在排什麼呢？》

　　故事接龍很適合作為導讀繪本的引起動機，從封面、封底的圖片預測故事內容，讓孩子先依照封面圖片說一個故事，之後再閱讀這本書時，除了作者安排的情節，更多了自己的想像添加，增加閱讀的樂趣。

　　故事接龍的玩法可以自由變化，但接故事要注意前面的人說過什麼，依照同一個情節邏輯發展下去，可以順便訓練孩子的注意力。我會增加一些規則，而這些規則是依據故事的結構、閱讀的策略設定的，例如：故事主角只能遇到困難3次；給故事的開頭和結尾，接龍發展故事的情節；只給故事的圖片，內容要接龍發展下去。

　　《到底在排什麼呢？》這本書裡好多動物都在排隊，到底在排什麼呢？大猩猩說：「等再久也值得！」還有誰也在排隊呢？排隊的時候會發生什麼小插曲呢？隊伍排到哪裡了呢？

　　這本書我們就從這一頁開始加入大家的想像創作吧！創作後再一起閱讀這本書，知道動物們在排什麼後大家都覺得太有趣了。

小壁虎老師：有一隻蜘蛛從黑板上爬過去，想要到書裡跟著大家一起排隊。

孩子A：牠爬到我們的加分板。

孩子B：沒想到「揪」滑了一跤掉到打板擦的愛的小手上面。

孩子C：死掉了～～

（你以為故事就這樣結束了嗎？老師我當然要逆轉情勢！）

小壁虎老師：蜘蛛的靈魂「轟」的一聲從身體裡跑出來。

孩子D：開始抓教室裡的小孩。

孩子E：看來看去、看來看去。

孩子F：抓到了吳小弟。

孩子G：蜘蛛的靈魂對著吳小弟吐絲「斯斯斯」。

孩子H：把吳小弟包起來。

孩子 I：吳小弟兩手兩腳用力一打一踢「啊」。

孩子 J：蜘蛛絲破掉了。

孩子 K：蜘蛛靈魂開始向吳小弟吐口水「呸呸呸」。

孩子 L：吳小弟很生氣就把蜘蛛抓起來丟到水溝。

孩子 M：還在洗手台用香皂洗手。

孩子 N：洗手泡泡沖到水溝把蜘蛛沖走了。

孩子 O：蜘蛛靈魂被沖到大水溝碰到一顆大石頭。

孩子 P：撞到肚子破一個大洞。

孩子 Q：肚子的東西都流出來。

孩子 R：水溝的水都變成黑色。

小壁虎老師：蜘蛛張著嘴「阿烏阿烏」。（其實這是一個害羞的小朋友不說話，只是張著嘴，老師幫他解釋表演出來）

小壁虎老師：蜘蛛還是想到書裡和其他動物一起排隊，但是全身黑漆漆的。（老師幫拉回主題）

孩子 S：牠排到黑猩猩的後面，黑猩猩用手幫蜘蛛將身上的髒汙擦乾淨了。

孩子 T：蜘蛛問了黑猩猩，到底在排什麼？

孩子 U：黑猩猩說：「我也不知道，反正跟著大家一起排就對了。」

小壁虎老師：蜘蛛就跟著大家一起排隊等待會發生什麼事……。

二 運用策略說故事

　　低年級的學童正在學習閱讀（Learing to Read）的階段，識字系統啟動進入文字閱讀階段，從聽故事過渡到讀故事，當然是先培養閱讀興趣為首要任務，喜歡閱讀後自然讀得多，讀越多後累積的識字量增加，識字量增加後可以再讀更多，如此正向循環讓閱讀成為習慣。

　　有了基礎的閱讀能力後，在成人的觀點上會希望透過一些工具來評估孩子是否理解文章的意思、能否提取重要訊息及整理訊息成為可用資訊。在學校我們要學習利用圖像組織、故事結構等策略幫助孩子對課本或課文讀物文本的理解，並用自己的話說出文本的重點，這些策略也有助於日後摘要能力的形成。

　　「十二年國民基本教育課程綱要」之國語文領綱的閱讀學習表現指標，我們可以看出這個能力的進展：

　　5-I-6　低年級利用圖像、故事結構等策略，協助文本的理解與內容重述。

　　5-II-6　中年級運用適合學習階段的摘要策略，擷取大意。

　　5-III-6　高年級熟習適合學習階段的摘要策略，擷取大意。

　　過去幾年「重述故事重點」被運用到低年級課文大意教學，課文雖然因為字數及教材審定的限制造成文本篇幅短、情節細節較少，卻也因此適合用於初學者，選用單純的文本練習，較能讓孩子掌握策略本身的使用技巧。「重述故事重點」可以運用圖像組織、故事結構等策略來幫助孩子掌握重點。

　　圖像組織策略是使用圖示、心智圖、表格、概念圖（樹狀圖、階層圖、序列圖、交集圖、魚骨圖）等圖像組織來呈現重要訊息。故事結構是將故事的六項要素（主角、背景、開始事件、經過、結果、結局反應）以視覺圖表的方式呈現故事的架構。

廣泛的故事包含神話故事、童話故事、寓言故事、歷史故事、生活故事等，除了文學上的故事範疇，我們也常將生活上的事件用故事架構來敘述，目的是希望鋪陳足夠的情節脈絡，讓事件變得更容易理解或吸引人去理解。孩子學習使用圖像組織、故事結構策略，在閱讀輸入時有助於理解並掌握重點，輸出時也能敘述完整。

　　低年級的孩子很喜歡跟老師分享事情，下課時間經常圍在老師身邊嘰嘰喳喳的說自己發生的事情，但是他們說話是想到什麼就說什麼，常常需要反覆確認事情的來龍去脈，協助他們排列事情發生的順序。有的時候很難從他們的敘述中弄清楚事情的「真相」時，我會用問話引導他們：一開始發生什麼事？然後呢？接著發生什麼事？結果怎麼了？

　　這樣引導後，學生就可以順著事情發生的順序將一件事情描述清楚了。將事情描述清楚，別人才能理解我們的意思不會造成誤會。而將事情描述清楚前，自己需要先將整件事情做一個重點摘要整理，大部分的事件可以用時間順序來安排，所以這個能力在低年級階段就可以開始練習。

　　中、高年級開始進入長篇故事、小說的世界，小說是由多個故事穿插、重疊在一起的，情節的安排除了順敘，還有倒敘、插敘、補敘，這對剛開始接觸小說的孩子來說，閱讀起來似乎沒這麼容易。我還記得兒子第一次看小說時，他很難接受人物很多、情節跳來跳去的內容。孩子的喜好也會影響他們閱讀小說的意願，我們能做的就是多給一點多元類型（冒險、偵探、家庭、自我、友情、科幻……）的小說，並且觀察他們是否需要協助。

　　我們可以從營造閱讀環境下手，兒子高年級時開始接觸小說，一開始他沒什麼耐性看完厚厚的一本書，我的方法是到圖書館借回近十本各種類型的小說（書名看起來會吸引男孩閱讀的書）放在一個小箱子裡，讓他隨意挑選，看不下去就換一本。觀察他願意看的小說類型，再去圖書館借差不多類型的書來放著，製造一本接一本閱讀的環境。就這樣，每天睡覺前他會主動去看小說，甚至看到睡覺時間過了還不願意收起來。媽媽我還用了一點小心

機，會在好幾本書裡夾幾本不同類型的，讓他多方面試試看。

　　我觀察了兒子的床頭書堆，有好幾本堆疊，看起來是同時在看的，他說有的書看不下去時就會換一本看，但過幾天又會拿回來看，有時會覺得可以再繼續看下去了。「看不下去就換一本」這件事我自己也會如此，有的書看了幾頁後發現沒那麼吸引我，或是書中的觀點無法說服我，我也會停下來，用書籤夾在停下來的那一頁，然後把書暫時放到書櫃裡，也許有一天我又想拿起這本書來再繼續看下去。

　　閱讀環境是要讓孩子感到閱讀這件事是「我自己可以掌控的」，要看什麼書、用什麼方式閱讀、何時閱讀、要不要讀完，都是他可以自己選擇。如果我們要求孩子在什麼時間閱讀、指定讀什麼書，會讓他們覺得閱讀這件事是被要求了才做的，如此一來閱讀就只是做給大人看的，而非他們主動的意願。而且開始閱讀小說的孩子年齡已經是一群很想有自主權的孩子，有時直接下達命令，孩子反而會產生抗拒的心態，例如姐姐說這本小說很好看，弟弟就不想看，無關喜好就是沒有理由的不想看。但如果我們換另一種方式，先提供有限的選擇，讓他們可以自主挑選路徑，自行選擇要如何抵達我們希望他們去的目標，將更容易達成目標。以我想讓兒子開始讀小說這件事來說，在讀小說的目標下，提供厚薄不同、有無注音、國內國外、不同類型的小說多本供他選擇，再漸漸擴展並養成閱讀習慣。

　　身為導師在教室裡我也會營造閱讀環境，當我想要孩子踏入小說的世界時，會將教室內所有的小說放在一個櫃子裡或櫃子上，每天的閱讀時間讓孩子自由選擇閱讀哪一本小說。若是教室內的書不夠多時，我會用教師身分到圖書館借幾十本回來教室，都是可行的方法。此外還需要協助孩子、引導孩子使用策略，讓閱讀小說的困難度降低，這時我會借整箱書共讀，每天一起讀幾頁後聊一下內容。遇到故事線複雜一點的小說，就帶孩子用圖像組織策略來幫助理解。有時我會介紹幾本同主題的小說，先大略說一下吸引人的情節，再讓有興趣的孩子自己閱讀。有的孩子可以無痛接軌小說，厚厚的一本

接一本閱讀；有的孩子則需要情節不那麼複雜、敘寫方式單純的小說。無論如何，我們都要尊重孩子的閱讀選擇。

　　要怎麼知道可以借哪些書呢？這幾年我擔任學校的圖書館閱讀推動教師，每天在圖書館裡管理書籍的同時還趁機看了不少書。在圖書館工作可以觀察到孩子們現在流行什麼書，有時我會請來還書的孩子跟我說一說這本書好不好看，藉此也接觸到不少孩子們之間流行的書。一般家長或老師沒有在圖書館工作怎麼辦呢？可以和孩子一起上圖書館，從新書展覽、主題書展或是分類號的櫃子挑選他們喜歡的書，多選幾本和他們一起輪流共讀；也可以和孩子一起上書店，親自選購他們喜歡的書，跟他們一起享受閱讀。親子間多了閱讀的話題，一起聊聊書中的內容，聽聽彼此對這本書的看法，都是可以引導孩子親近書的方式。

🍃 閱讀小知識

　　家裡面會把東西分類擺放，菜刀、鍋具會放在廚房，棉被、枕頭會放在房間，這是因為如果沒有分類放的話，東西會很亂而且很難找到。圖書館裡的書也是，這麼多本書如果沒有分類放的話，很難找到想要的那本書，分類號的目的就是將書籍做妥善的分類，方便查詢書目。

　　臺灣的公共圖書館使用《中文圖書分類法》作為書籍的分類號，以0至9數目字代表不同分類，主要分為十大類：

- 000 總類
- 100 哲學類
- 200 宗教類
- 300 科學類
- 400 應用科學類
- 500 社會科學類
- 600 中國史地類
- 700 世界史地類
- 800 語言文學類
- 900 藝術類

　　孩子最常接觸到的故事、小說屬於8類，到圖書館可以找分類號8開頭的櫃子選擇喜歡的書。

圖像組織策略——《樂樂谷的新鄰居》

選一篇較短的故事或課文教材作為閱讀材料，請孩子閱讀2次，第一次先將整個故事讀一遍，第二次閱讀的時候，圈出角色（人物）、並在這角色做的事情下方畫線（做什麼事）。接著，依據故事的「開頭、經過、結果」結構順序，用簡單的圖像記錄下來。若孩子提到不會畫圖，也可以用簡單的符號加上文字代替，例如：畫一個圈裡面寫上角色名稱。最後，試著看著自己的紀錄把這個故事說一次給其他人聽。

開頭	大象原本住的地方又溼又冷，他聽說樂樂谷氣候溫暖，風景優美，居民也非常和善，所以他從很遠的地方搬來樂樂谷。
經過	剛搬來的大象，還沒有找到住的地方，他找了好幾天最後決定在河邊蓋一間自己的房子。
	附近的動物們知道了，都主動來幫忙。河馬拉著推車，搬了許多石頭，小牛也送來很多木頭。喜歡種花的兔子，在房子周圍播下種子，小鳥也唱著歌，為大家打氣。
	在鄰居的幫忙下，新房子很快就蓋好了。大象感動的說：「哇！真漂亮，謝謝你們！」
	大象也想幫新鄰居做點事，他看到樂樂谷的河面上沒有橋，大家如果要過河，都要花時間繞路。於是，他找來一根長長的木頭，架在河上，就變成了一座橋。
結果	有了橋，大家過河就方便多了。動物們在路上看到大象，都會對他說謝謝。大象笑著說：「我好喜歡住在這裡呀！」

樂樂谷的新鄰居(105康軒二上)

圖像組織策略（小說）——《鞦韆上的鸚鵡》

《鞦韆上的鸚鵡》這本書收集了李潼的七個短篇小說，每篇各有不同的主題與訴求，情感、文學性都值得細細品嘗，短短的篇幅很適合和孩子們共讀討論。不過，在這之前，需要讓孩子讀懂、理解小說內容，這時，使用策略幫助理解全篇內容後，再進入情感面的討論，將更能引出共鳴。

使用心智圖來整理情節，協助孩子讀懂小說，要先建立分析觀點，我們可以利用地點、時間、角色等觀點來確認心智圖的第一層，觀點不同做出來的心智圖就不同。以「綠衣人」這篇來看，主角、媽媽和綠衣人是主要的三個角色，而且作者將他們的形象在他們做的事情、說的話語上鮮明的表現出來，這篇就可以用角色的觀點來做心智圖。

〈帶爺爺回家〉這篇按照地點順序來編排情節，但其中又穿插了過去的回憶，我們就可以用地點的觀點來做心智圖。孩子在這些時空、地點交錯的情節中，一旦無法理解就很容易放棄閱讀，策略可以助他們一臂之力，理解了內容後再來討論，孩子更能領會情意面的感受。

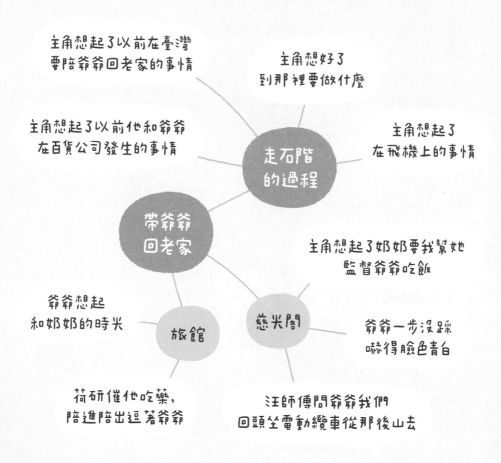

故事結構策略 ——《晨讀10分鐘：成語故事集》

我們可以用一些方法讓孩子熟練故事結構策略，孩子學習時的感受很重要，如果只是用一張結構表讓他們填寫，往往容易使他們興趣頓然消失，讓閱讀變成一件單調無趣的「差事」，因此我會變換方式讓孩子熟悉同一個策略。

成語是從古代相承沿襲而來的，因此大都有其出處典故，了解成語的典故才能善加利用於語文表達。成語主要來源有中國古代神話故事〈夸父追日〉、寓言故事〈朝三暮四〉、歷史故事〈完璧歸趙〉、文學作品〈囫圇吞棗〉等，這些流傳百年、千年的文言文故事，用固定的短語表達固定的語意，是中文特有的語言形式。

我們的生活上常會不知不覺的用到成語，例如：危害到大家的人，我們會說他是「害群之馬」，這次的比賽就是因為他對裁判口出惡言，使得團體成績被扣分，真是害群之馬。另外像是一個人心意不定、反覆無常可以用「朝三暮四」來形容他，做事情得講信用，不能朝三暮四，出爾反爾。

成語故事短短的，讀起來沒有什麼負擔，在班上我用「成語故事手卡」讓孩子在每週成語時間（一週固定2個早自習時間），輪流上台介紹成語時使用。看電視上的主持人主持節目的時候，一手拿麥克風，另外一手的掌心藏著幾張手卡，上面有節目內容的提示可以提醒主持人。孩子上台通常都很緊張，腦中一片空白的下場就是站了很久說不出半句話來，這時若有手卡提示，就可以不疾不徐的完成報告啦！

負責上台報告成語故事的人，先從《晨讀10分鐘：成語故事集》書中挑選一則故事閱讀多次後，將故事的重點記錄在手卡上。

手卡上我會先標示：

1 故事名稱、背景（主角、地點、時代）

2 開頭

3 經過

4 結果

5 成語意思

6 例句（一個辭典上的例句、一個自己造的造句）

　　上台報告後，這些手卡可以貼到孩子的筆記本上或公佈欄上，可以做其他的運用。孩子自己閱讀並按照故事結構報告成語典故，最後造句運用，讓成語貼近生活容易使用。

🔖 閱讀小知識

　　教育百科網站將《教育部國語辭典簡編本》、《教育部重編國語辭典修訂本》、《教育部成語典》、《小字典》、《教育部客家語辭典》、《教育部臺灣閩南語常用詞辭典》等線上資源整合在一起，輸入字、詞會出現所有收錄此字詞的辭典內容。

　　《教育部重編國語辭典修訂本》用來查詢字詞的來源，在解釋的地方會有這個字詞的出處。《教育部國語辭典簡編本》除了解釋，還有例句可以幫助學生理解字詞的應用，適合小學生使用。這些線上辭典除了文字呈現外，還有語音播放，方便聽覺學習的孩子使用，若有興趣學習客家語、閩南語，也可以點選《教育部客家語辭典》、《教育部臺灣閩南語常用詞辭典》的讀音「播放」按鈕學習正確發音，相當方便。

故事結構策略——《一吋蟲》

閱讀一本書，找一找書中的人物有誰，再找一找他們做了什麼事，將每個人物及這個人物做的事情，用一句話（誰＋做／發生什麼事）寫在便利貼上，將這些便利貼依照開頭、經過、結果的結構安排，排列順序貼在紙上。最後將這些便利貼上的文字串起來說，就是這個故事的內容大意。

這個練習難度較高，因為孩子需要思考、選擇可以成為故事順序的重要事件，一開始，孩子可能無法掌握要領，有的孩子會抄下長長的語句，有的孩子則會找不出來。這時，故事文本的選擇就很重要了，我們可以選擇結構單純、角色不多、線性發展的故事比較容易操作。萬一孩子有困難也沒關係，有可能是摘要能力尚未成熟，可以先練習「這一頁在說什麼」，用自己的話說說看。

過程中，不需要評斷孩子的答案對或錯，可以多讓他們說出來，也許答案和我們預設的不一樣，但那是因為有時閱讀時採用的角色觀點不同。例如：三隻小豬的故事，若是以大野狼的觀點，就是想吃小豬 ➡ 遇到困難（小豬蓋了茅草屋）➡ 解決（吹倒茅草屋）➡ 遇到困難（小豬蓋了木頭屋）➡ 解決（推倒木頭屋）➡ 遇到困難（小豬蓋了磚屋）➡ 沒辦法解決困難 ➡ 結果無法吃到小豬。若是以小豬的觀點則是相反的，大野狼變成是他們遇到的困難與解決。所以，多聽孩子的說明，理解他們的看法，不以對或錯來評斷。

高年級閱讀小說也可以用上述方式，只是小說會有多條故事線交叉、平行進行，且時間序常有插敘的部分，用便利貼來進行移動、排列，可以將錯綜複雜的故事線理清楚。

《一吋蟲》這本書裡的主角一吋蟲有很多敵人，只要一個不小心就會被鳥兒當作點心吃掉。可是一吋蟲知道自己有一個厲害的用處，就是用自己的身體量東西，於是只要遇到危險，牠就用這個厲害的用處幫敵人量身體、量尾巴、量脖子⋯⋯轉移敵人的注意力。但是，故事的最後遇到夜鶯要一吋蟲量牠的歌聲有多長，一吋蟲用智慧來解決問題，逃過一劫。

三人小組一起閱讀書的內容，第一次先快速將內容讀過，接著開始進行任務：找出書中人、故事開頭的事件、經過、結果。

故事的開頭只能有一個，這個開頭的事件必須要能跟後面的經過串得起來，可以用「因為（開頭的事件）……，所以（經過）……」來思考寫出來的是否為真正開頭的事件，中間經過的部分就要靠小組夥伴去找出來，可以用（誰＋什麼事）來組織句子。故事的結果也只會有一個。

完成後，將紙條上的重點串起來說給其他人聽，可以使用「故事重點檢核表」讓聽的人勾選，確定是否能理解故事的大意。

書名：

書中人：書中有誰？

開頭：開始時發生什麼事

經過：誰做了什麼事？（可以編號表示發生的順序）

結果：最後怎麼樣了

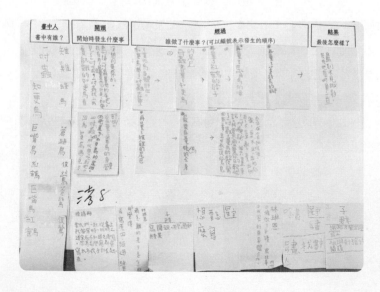

角色扮演策略──《媽媽買綠豆》、《你會上學校的廁所嗎？》

孩子小的時候是靠模仿大人的言行舉止來學習，他們會將看到的、聽到的，在空閒時進行「模擬」練習，例如：用自己的玩具角色來扮演學校的生活。在這樣的練習過程中，他們的腦袋就是一次次的加強這些行為的順序與意義。

故事大意用演的方式，讓不擅長找重點或書寫的孩子也能透過另外一種方式學習。演出不需要大費周章的製作道具或背台詞，因為這個練習目標是能夠將故事的大意說出來，因此將故事演出來時，最重要的就是先找出角色，由角色出場的順序、話語、行為來定故事發展的順序與重點。

《媽媽買綠豆》這本書裡，除了買綠豆、煮綠豆、吃綠豆的真實體驗外，姊弟兩人當時最喜歡「演」書中的畫面。這本書中有一段情節是媽媽帶著主角一起洗綠豆，然後將裝有水和綠豆的鍋子放到瓦斯爐上，等到滾了以後要小心別讓綠豆湯溢出來，最後是加糖。每次讀到這裡，我們就會「演」一下：

媽媽：現在開始洗綠豆囉！開水龍頭、水滿了關水。用雙手搓綠豆（嘴巴製造沙沙沙的聲音）

小孩：（做出洗綠豆的動作。）

媽媽：綠豆洗乾淨了，現在要加過濾水（嘴巴製造嘩啦嘩啦的聲音）。把鍋子放到瓦斯爐上，開火。

小孩：（做出開水龍頭、加水、搬鍋子放到瓦斯爐上、轉瓦斯爐開關的動作。）

媽媽：綠豆湯滾了，把火關小一點，蓋上鍋蓋煮。

小孩：（做出關小火、蓋鍋蓋的動作。）

媽媽：綠豆湯煮好囉！加糖、試吃看看，夠不夠甜？

小孩：（做出加糖、試吃的動作。）

故事用演的不僅可以將整個故事的事件定出順序，還可以連結到生活，在情境中模擬後加入更多的細節創意。

　　一年級的學生最需要《你會上學校的廁所嗎？》這本書了！小學的廁所都是蹲式的，跟幼兒園的坐式小馬桶有很大的差別，上廁所的困難度增加很多。這本書裡用可愛的圖片，畫出蹲式廁所的使用方式，包括蹲的方向、蹲的位置、擦屁股的手勢等。家中若有即將上小學的孩子，可以和他們一起閱讀這本書，順便將蹲式廁所、上廁所的禮儀一併「演」一下，比起單純閱讀效果好很多。

小壁虎老師：有誰可以說說看小學的廁所和幼兒園的廁所有什麼不同？
孩子A：沒有小馬桶。
孩子B：只有蹲的馬桶。
孩子C：只有一間是坐的馬桶。

❶ 學習蹲的位置
小壁虎老師：我們來看看這本書裡的這個小朋友這樣蹲可以嗎？（書中圖片：方向不對）為什麼不行？我們看看這樣蹲的話，便便會掉到哪裡？（老師手比出跟著便便掉落的位置）
小壁虎老師：那這樣蹲呢？（書中圖片：蹲的位置太後面）這樣便便會掉到哪裡？
孩子A：掉到地板上。
小壁虎老師：蹲廁所是有秘訣的，我們應該將腳尖對準馬桶的半圓形那邊，再蹲下去。（書中圖片：腳印與馬桶的位置圖）

❷ 實際演練
　　上完廁所後要擦屁股，老師以前教的班級打掃廁所時，會看到很多沾滿

大便的衛生紙攤開開的丟在垃圾桶裡，這樣一來不只味道很臭，常常大便也會沾到垃圾桶，打掃廁所的哥哥姐姐還得洗垃圾桶，很辛苦。以後你們升上三年級後，也會被分到打掃廁所的工作，如果是你看到這樣的情況，一定會覺得很噁心吧！所以我們不能讓打掃的哥哥姐姐們感到不舒服。

老師建議大家去上大號的時候最好帶整包衛生紙去，現在每個人抽2張衛生紙，我們來學習怎麼好好使用衛生紙擦屁股，這本書也有教我們喔！

先把2張衛生紙疊在一起，不必太整齊，讓衛生紙變成長方形。我們擦屁股的時候是用到手指，所以讓衛生紙長長的放在手上面，用大拇指壓住（老師示範，讓孩子跟著做）。

現在擦了一次屁股，衛生紙上面沾了大便了，不要緊張，把衛生紙對折，還可以再擦一次，再對折，然後丟到馬桶（老師示範，孩子跟著做）。如果剛剛衛生紙上面還沾有便便，就是還沒有擦乾淨，這時候就可以再抽一張像剛剛那樣對折再擦一次。

有沒有使用濕紙巾的？老師會建議你先用衛生紙擦，最後一次再用濕紙巾將屁股擦乾淨。如果一開始就用濕紙巾，便便會因為濕濕的紙巾透過去反而容易沾到手，而且沾了便便的濕紙巾只能丟在垃圾桶，會造成垃圾桶裡臭臭的。要注意濕紙巾是不能丟進馬桶的，一定要丟進垃圾桶。

最後一定要記得沖水，我們學校的沖水器是用踩的，先把腳放上去再踩下去，確定便便都被沖走了才能離開。

❸ **突發狀況應變**
小壁虎老師：萬一馬桶的水一直沖不停怎麼辦？
孩子A：趕快跑！
小壁虎老師：不行啦，趕快跑廁所會淹水。
孩子B：告訴老師！
小壁虎老師：對了，要趕快回來跟老師求救，只要是你不能解決的問題，都要趕快報告老師。

小壁虎老師：萬一，真的來不及沒對準馬桶就大了，怎麼辦？（書中圖片）

孩子A：用掃把掃進去。

孩子B：用拖把拖。

孩子C：提水沖。

小壁虎老師：嗯，這些都是解決問題的辦法，不過這些方法都容易造成其他用具變臭，如果是用水沖會更恐怖，因為大便水會流得到處都是。老師教你們一個辦法，如果是有形狀的便便，那就抽2~3張衛生紙，跟剛剛一樣摺好，保護我們的手，然後把便便推進去馬桶，衛生紙就順便一起進去馬桶了，如果馬桶還有殘留便便，再用2張鋪上去用腳踩著衛生紙把馬桶擦乾淨，衛生紙一起進去馬桶沖走就好。

小壁虎老師：那……萬一是拉肚子的呢？

孩子A：找老師！

小壁虎老師：對了，趕快回來跟老師求救吧！

　　故事是一種由背景、目的、方法、結果構成的敘事方式，分析故事的結構，首先要有人物、背景描述建立故事情境，主要人物希望達成某個目的，然後遇到的問題、過程解決形成起伏變化的情節，最後結果交代主角是否成功達成目的。

　　Idol是1987年國外第一位將故事圖用在故事結構教學的學者，Idol與 Croll在1987年提出故事結構的5項要素：

❶ 背景（包含主角、時間、地點）

❷ 問題

❸ 目標

❹ 行動

❺ 結局

　　國內學者鄭慧芬也在2013年提及Idol於1987年所發展的故事圖教學策略，強調將故事的6項要素（主角、故事背景、開始事件、事情經過以及事件結果、反應）與架構以視覺圖表呈現。

　　故事結構近年來被運用在閱讀理解教學，教育部於2012年開始委託臺灣師範大學、臺北市立大學、中正大學及臺南大學在全國設立四區閱讀教學研發中心，負責各區教師培訓，提供地區教師諮詢及輔導，並成立課文本位閱讀理解教學資料庫網站。課文本位閱讀理解教學網站發布的「閱讀理解策略成分表」中，將「重述故事重點」列為低年級擷取課文大意的主要策略。

三　預測策略

　　有個小朋友下課生氣的來告狀，原來是跟同學玩猜拳遊戲卻一直輸。我把那位猜拳贏家找來，跟還在生悶氣的小朋友一起訪問他，請他教我們猜拳可以贏的方法。贏家說他已經知道對方下一拳會出什麼，我們睜大眼睛問他怎麼知道的？他說，因為他發現這個小朋友只要這一拳出布，下一拳就會出剪刀，發現這個規則後，就可以預測對方下一拳出什麼，進而贏很多次啦！好厲害的觀察力啊！觀察對手的習慣規則，接著不斷驗證。

　　到圖書館或書店選一本書時，我們會先看一下書名、封面，這時腦中就會先出現對這本書內容的預測，這個預測有時會讓我們決定想不想將這本書帶回去看。跟孩子們說故事時，我們從書的封面開始，請孩子看看書名，猜猜看內容可能會有什麼；看看封面圖片，猜猜看主角可能會是誰？這些都是閱讀前我們對內容展開的預測。閱讀中，我們也會依據前面情節發展的訊息來猜測故事裡角色的情感轉變、想法及行動、結局如何。這裡的「猜」，需要依據一點線索來猜，例如：圖片上的訊息、故事的結構、情節發展至此主角的下一個行動⋯⋯。

　　預測策略是我們很常使用的一個策略，成熟的讀者會依據文本的圖片、標題、內容等訊息，結合讀者自己的經驗與生活知識背景，邊讀邊猜測出還未讀到的內容。例如：《到烏龜國去》這個書名，我們就會開始預測：烏龜國長什麼樣？整個國家都是烏龜？烏龜國的烏龜動作都很慢？看到封面圖片接著開始預測：兔子到烏龜國去，故事會不會從龜兔賽跑開始寫？烏龜國的房子也是烏龜模樣？兔子到烏龜國去會發生什麼事？⋯⋯這些預測通常是快速閃過的想法，而且在閱讀的過程中不斷的修改、驗證自己的預測。無論預測的結果是否與文本相符，都會讓人產生極大的期待，想要繼續看下去。

預測雖然大多數是閱讀前和閱讀中產生的想法，卻需要對所閱讀的內容理解、提取訊息、分析、整合，還需要在腦海中翻找既有的知識背景、閱讀經驗進行連結。預測發生後，與自己預測的結果進行比對，驗證自己的預測，最後反思修訂，這樣的過程不僅鞏固了舊有知識，又會產生探究真相的動機，透過預測策略，讀者與文本間的距離因此更接近了。

　　預測策略並非盲目的亂猜，有線索的預測才有意義。預測的線索會藏在圖畫中，繪本的圖畫往往會提供可預測的故事發展線索，我們可以引導孩子觀察圖畫細節來發現圖畫的線索。預測的線索也會藏在文字內容中，我們可以引導孩子注意特定的、重複的句型，讓孩子發現這個特點後，能夠容易猜出後面的情節，例如：《請問一下，踩得到底嗎？》只要遇到從游泳池離開的動物，三個好朋友就會問：「請問一下，踩得到底嗎？」，隨著故事發展，孩子可以藉此線索預測故事的情節。因此，練習預測策略的文本最好選用有結構規則（例如：故事結構3次重複的規則）、情節單純、線索清晰的故事，若能有圖片增加閱讀線索就更能引起孩子主動參與閱讀。

　　大部分的童書內容都藏有一個「3」的秘密，就是問題、解決的情節會重覆3次。故事安排3次因果遞進，能引起讀者好奇跟著故事情節發展繼續閱讀，同時也形成讓人容易記住的邏輯。古今中外

的經典故事內容都有相同的3段式安排：《西遊記》裡有三借芭蕉扇、三打白
骨精；《灰姑娘》裡有玻璃鞋試穿3次；《白雪公主》裡的後母毒害公主3次。
《請問一下，踩得到底嗎？》裡3個動物好朋友，前往游泳池路上遇到的3種
動物，相同的問話重複3次。

孩子喜歡帶有重複情節的故事，有時同樣的故事可以聽、看好多遍，他
們從這些固定的句型、相似的情節中，一次次檢驗自己的記憶和鞏固認知。

這個「3」的秘密也可以成為教學的好幫手，例如：練習預測策略的時
候，選用有3次反覆情節的書籍，讓孩子有預測情節的線索。學習問題解決的
方式時，選用有3次問題解決過程的書籍，讓孩子比較問題解決的歷程。在多
文本閱讀教學中，我們會選用多篇同主題或是同類型的文本讓孩子學習某個
概念或技巧，文本的來源除了不同書籍、不同文章，也可以是一本書裡3的反
覆情節。

預測並沒有正確答案，而是孩子藉由一次次反覆的進行預測、驗證、修
改、再預測的經驗累積，逐漸形成預測策略的思考方法，目的是協助孩子察覺
是否理解文本。我們可以用「接下來會怎麼樣？」「接下來會發生什麼事？」
的問句來引發孩子預測，並鼓勵孩子從各種不同角度來思考，當孩子的閱讀夥
伴，說說自己的預測，並聆聽孩子的預測，最重要的是說出因為哪一個訊息而
做了這樣的預測，讓預測與線索綁在一起，形成一個固定的思考鏈。

《請問一下，踩得到底嗎？》

　　這是我最喜歡用來帶孩子玩預測策略的一本書，3隻小動物好朋友搭了好久的車來到山裡的游泳池，沒想到下了車後發現忘記帶游泳圈了，往游泳池的下坡階梯上，遇到身高不同的動物，造成聽話的人與說話的人之間的理解誤差，卻有意想不到的結局，非常有趣。

　　雖然故事簡單，但從書名、游泳池名稱、3個好朋友的反應、遇到3種動物、重複的問句，整本書的內容有線索、有規則，讓孩子不會盲猜。說故事時用來和孩子互動，選用這種類型的書，更能引發孩子的興趣。

❶ 標題預測

小壁虎老師：這本書的書名很特別，你發現了什麼？（拿幾本繪本比較）

孩子A：書名比較長。

孩子B：有標點符號。

小壁虎老師：一般的書名很少有標點符號的，這本書真的很特別。

小壁虎老師：想一想，什麼時候你會用「請問一下，踩得到底嗎？」這個問句？（連結經驗）

孩子A：游泳的時候，去到大人池會問「請問一下，踩得到底嗎？」

孩子B：還有去海邊的時候。

小壁虎老師：去海邊一定要有大人陪，而且要先確定是可以玩水的地方，才可以接近。

小壁虎老師：我們一起看這本書的封面，你們認為這個故事發生在哪裡？

孩子A：在天空中。

小壁虎老師：為什麼你會這麼想？

孩子Ａ：因為有藍藍的天和白色的雲。

小壁虎老師：在天空中，有可能啊！但是在天空中會問「請問一下，踩得到底嗎？」好像不太會這樣問。

孩子Ｂ：我覺得是海邊，因為有沙灘和海水。

小壁虎老師：請你上台跟我們說明一下哪裡是沙灘哪裡是海水。（指出圖片線索）

小壁虎老師：我們一起讀一讀這頁的句子。

（說出這個故事發生的時間、地點、人物和事情。）

小壁虎老師：游泳池的名字第一個字被一朵雲遮住了，你猜猜看，這個游泳池的名稱是什麼深游泳池？

孩子Ａ：太深游泳池。

孩子Ｂ：很深游泳池。

孩子Ｃ：超級深游泳池。

孩子Ｄ：水深游泳池。

小壁虎老師：為什麼大家都覺得這個游泳池很深？

孩子Ａ：因為書名是「請問一下，踩得到底嗎？」應該是很深才會問。

❷ 預測情節

小壁虎老師：如果是你，沒有帶游泳圈還要不要繼續走去游泳池呢？理由是什麼？

孩子Ａ：不能下去，這樣很危險。

孩子Ｂ：我想去看看，因為說不定真的不會很深。

小壁虎老師：他們遇到第一隻動物，是恐龍，問了恐龍：「請問一下，踩得到底嗎？」你猜猜看恐龍怎麼回答？

小壁虎老師：恐龍這麼回答，你會相信嗎？為什麼相信又為什麼不相信？

小壁虎老師：他們聽完恐龍的答案後，覺得還好，這樣應該踩得到底，所以很放心的繼續往前走。

小壁虎老師：遇到第二隻動物，大象，你猜猜他們會問什麼？

孩子A：請問一下，踩得到底嗎？

小壁虎老師：大象會怎麼回答呢？

孩子A：踩得到底啊！

小壁虎老師：最後遇到第三隻動物，黑熊，你猜猜他們會問什麼？

小壁虎老師：他們聽到黑熊這樣回答，會說什麼？

小壁虎老師：他們來到游泳池，將背包丟在旁邊就跳入水中，請你想一想，這裡會發生什麼事？

小壁虎老師：這裡有點危險，你知道為什麼嗎？

小壁虎老師：就在快要溺水的時候，有動物救了他們，你看到了嗎？（指出圖片線索）

小壁虎老師：你覺得他們知道是河馬救了他們嗎？理由是什麼？

❸ 預測結果

小壁虎老師：請你想想，這個故事的結果是什麼？這本書最後出現了游泳池的名稱喔！如果有興趣，你可以借這本書去看。

《國王的長壽麵》

　　從前從前，有個國王，他喜歡長長的東西，長長的餐桌、長長的旗杆，連皇后的頭髮也要好長好長……。什麼都很長的皇宮，生活上會出現什麼有趣的事呢？國王的生日快到了，皇宮裡的廚師們想要做長壽麵替國王祝壽，這個長壽麵當然也是好長好長的麵啊！國王要用什麼方法才能吃完好長好長的長壽麵呢？這本書給了一個開放式的結局，每個人都可以創造屬於自己的結局。

　　這本書在情節都依著「國王喜歡長長的東西」規則發展，讓孩子來預測「接下來會發生什麼事」非常有趣。

小壁虎老師：這本書裡的國王很喜歡長長的東西，猜猜看，國王住的城堡長什麼樣子？

孩子A：城堡很高，而且是瘦瘦長長的。

小壁虎老師：我們來看看這本書的第一頁，國王的城堡真的都是瘦瘦高高的，符合國王喜歡長長的東西。不只國王看到的東西要很長，連他自己的腳也想要很長，猜猜看國王怎麼讓自己的腳變長？

孩子B：穿高跟鞋。

孩子C：裝假的腳。

孩子A：在腳下裝木頭，讓腳變長。

小壁虎老師：你說的是高蹺，國王真的踩高蹺走路耶！

小壁虎老師：國王身邊的東西也都要好長好長，像皇后的頭髮就很長很長，光梳頭髮就需要十幾個人幫忙，猜猜看皇后該怎麼走路呢？

孩子D：把頭髮綁成一節一節，地上都要鋪地毯頭髮才不會弄髒。

孩子E：皇后走路的時候，後面有很多人會幫她扶著頭髮一起走。

小壁虎老師：真的耶，我們看這張圖，皇后逛花園的時候，後面好多人幫皇

后扶頭髮。逛完花園國王肚子餓了,猜猜看他吃飯的時候有什麼特別的?

孩子A:桌子很長。

孩子B:椅子很長。

孩子C:筷子、湯匙很長。

小壁虎老師:那麼長的湯匙怎麼喝湯啊?

孩子D:國王可以和皇后互餵,不然這麼長的湯匙沒辦法用。

孩子E:國王可能要站在很高的地方,讓別人餵他吃。

小壁虎老師:猜猜看國王怎麼喝飲料?

孩子F:可以爬樓梯到很高的地方,用很長的吸管喝。

小壁虎老師:廚師們幫國王做了很長很長的長壽麵,這個麵條從頭到尾都不能斷掉,廚師們費盡心思,但是國王好困擾啊!猜猜看國王要如何才能吃完好長好長的長壽麵呢?

孩子G:國王可以躺著,然後將嘴巴張開,廚師把麵從高高的地方像釣魚一樣,把麵給國王吃。

孩子A:可以請人做一個輸送帶,國王在輸送帶的終點,麵就用輸送帶送進國王嘴巴,國王可以按暫停,吃完一口再繼續。

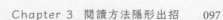

《安靜！這裡是圖書館》

　　主角凱莉喜歡到圖書館看書，當她翻著一本介紹動物的書時突然有了一個點子：「如果我是圖書館員，我一定要設一個特別日，專門讓動物、小鳥們進來圖書館看書。」這天，動物們陸陸續續進到圖書館，凱莉告訴獅子在圖書館裡不能大吼大叫、引導長頸鹿看書架上方有許多跟高個子有關的書、提醒猴子一家人不能調皮搗蛋……動物們也都安安靜靜的看著書。突然，小老鼠從門口溜進來，爬到大象的鼻子上面玩而引發其他動物一連串的騷動，讓原本安靜的圖書館喧鬧了起來，凱莉要如何讓動物們平靜的離開圖書館呢？

　　這本書的圖片訊息、情節線索用來讓孩子預測非常容易，可以讓孩子們練習預測要有根據的猜，引導孩子用「我覺得可能是……因為……」的句型表達。

❶ 標題預測

小壁虎老師：請你觀察這本書的封面，你覺得這本書的主角可能是誰？理由是什麼？猜猜看這本書可能有什麼內容？為什麼這樣猜？回答的時候要這樣說：我覺得主角可能是……因為……。

孩子A：我覺得主角應該是這個小女生，因為封面只有一個人。

孩子B：主角也有可能是那隻小鳥，書的內容可能是小鳥太吵了，小女生叫他安靜。

孩子C：後面的書也有可能是主角，因為書名有圖書館。

❷ 預測情節

（老師開始說故事，停在頁面「今天是動物日，歡迎動物、小鳥到圖書館」進行預測。）

小壁虎老師：猜猜看，動物們會來嗎？理由是什麼？有哪些動物會來？理由是什麼？

孩子B：小鳥會來，因為封面有一隻小鳥。

孩子C：不會有動物來，因為圖書館不能讓動物進來。

（老師繼續說故事，停在大象進入前的頁面進行預測。）

小壁虎老師：猜猜看這是什麼動物的影子？為什麼這樣猜？

孩子A：有可能是河馬，那個影子很大。

孩子B：那也有可能是大象。

孩子C：應該是小狗。

小壁虎老師：你從哪裡猜出是小狗的？

孩子C：我亂猜的。

小壁虎老師：我們要有根據的猜，可以從
封面或是剛剛故事發生過的線索來猜。

小壁虎老師：答案是大象，你猜得跟書中
一樣的舉手。

（老師繼續說故事，停在頁面「猴子全家都到了」。）

小壁虎老師：猜猜看，猴子一家人會好好地在圖書館看書嗎？理由是什麼？

孩子A：猴媽媽應該會管好小猴子，說不定會說故事給小猴子聽，所以他們
會乖乖地看書。

孩子B：小猴子應該會亂跑，或是爬到書櫃上去，因為猴子很喜歡爬上爬
下。

小壁虎老師：其實凱莉在猴子們要進圖書館前，就先跟猴子們說好，圖書館
裡不能奔跑、爬上爬下，所以他們都能做到遵守圖書館規則。

（老師繼續說故事，停在頁面「老鼠一溜煙跑進圖書館」）

小壁虎老師：啊！老鼠跑進來了，你們猜猜看會發生什麼事？理由是什麼？

孩子A：老鼠亂跑其他動物應該會跳起來。

小壁虎老師：老鼠有沒有可能是跟大家一樣坐著好好的看書呢？說說看你的想法。

孩子B：老鼠用跑的進來，跟其他動物不一樣，應該不會遵守規則。

❸ **預測結果**

（老師繼續說故事，停在頁面：「該怎麼讓這些動物離開呢？」）

小壁虎老師：你有沒有好方法？

孩子A：吹哨子指揮他們一個一個出去。

孩子B：請動物排隊出去。

小壁虎老師：凱莉請金絲雀唱歌，動物們聽到歌聲，都跟著歌聲走出圖書館。

Chapter 4

閱讀 好 進階

方法

一　大量閱讀

　　兒子在二年級下學期開始接觸純文字讀物，當時姐姐推薦他閱讀侯文詠的《頑皮故事集》，這本書我買的是注音版，每天睡前閱讀時間讀幾頁，一本書花了將近三個星期才看完。其實，一開始他看到都是文字的書有點排斥，但閱讀了幾天後，他常常打電話跟外公聊書。

　　小時候他住在外公家，每天早上外公泡老人茶，順便給他一杯溫開水，外公就開始講《頑皮故事集》裡的故事。現在他自己閱讀這本書，跟外公聊書中的內容也增加了他閱讀的動力，就這樣緩慢的將這本書看完了。

　　後來，姐姐又推薦他閱讀第二集《淘氣故事集》，只是這本書沒有出版注音的版本，一翻開書，兒子馬上說他看不懂！我提供閱讀建議：閱讀的時候看到不會的字可以先猜猜看意思，有時部首可以給我們一些線索；有時繼續看下去再回頭看一次也可以多點理解；有時還可以先跳過去，繼續讀下去，了解故事的意思即可。沒想到，他用「跳過去」這個策略，很快就把書看完啦！而這個閱讀經驗也成功的讓他進入沒有注音的文字閱讀世界。

　　同樣是在二年級的年紀，姐姐也開始閱讀沒有注音的讀物，那個寒假我看她好幾天都沉迷在《佐賀的超級阿嬤》中。我好奇的問了她能否讀懂，她分享了閱讀方法：從第一頁開始看的時候不太懂，後來從目錄挑著看，跳來跳去看完後，再從頭到尾看一次，就懂了。真的是好厲害的方法啊！

　　我們來試試看，下面〈包子有毒〉的文字只能看一次，不能重複來回的看喔！

（資料來源：笑遊人間／學習電子報）

美女到小吃店吃包子，老闆瑞上來之後，

美女從兜里掏出一跟銀針札了一下。當

當美女拔出銀針，赫然發現銀針前端變黑了！

美女驚呼：「包子有毒！是誰要害本姑娘？」

滿餐廳的客人瞬間鴨雀無聲。

這時老闆走上前罵聲，

說：「你是武俠小說看多了喔，這是豆沙包啦！」

❶ 請說出這段文字的內容大意。
❷ 剛剛快速讀過的這段文字（不能再重看），你發現了幾個錯別字？

美女到小吃店吃包子，老闆瑞上來之後，

美女從兜里掏出一跟銀針札了一下。當

當美女拔出銀針，赫然發現銀針前端變黑了！

美女驚呼：「包子有毒！是誰要害本姑娘？」

滿餐廳的客人瞬間鴨雀無聲。

這時老闆走上前罵聲，

說：「你是武俠小說看多了喔，這是豆沙包啦！」

　　上述的文字在快速閱讀過後，成人讀者可以輕鬆說出整段文字的內容大意，而且幾乎不受錯別字、句首句尾重複字的影響，這是因為成熟的讀者閱讀的時候並不會逐字讀，而是快速的掃過文字，抓取需要的字句理解意思，有時甚至不會注意到錯別字或文字排序錯誤，遇到不認識的字詞也會運用閱讀技巧來解決。但孩子就不同了，一來怕讀錯，二來不知如何處理不認識的字詞，造成遇到不會的字詞就停住，閱讀不夠流暢進而影響理解。

三年級是閱讀量快速增加的重要階段，可以觀察孩子的閱讀狀況，若眼球是逐字移動，甚至讀出聲音，我們就需要給閱讀建議，讓孩子能夠順利進入默讀且大量閱讀期。

大量閱讀包含文字量提升與題材多元廣泛，運用閱讀技巧可以提升閱讀速度，但是書籍的多元廣度就需要靠環境營造來達成了。橋樑書就是替剛踏入大量閱讀階段的孩子準備的書籍，有別於以圖為主的繪本，橋樑書的圖片改為插圖且面積減少，成為文字的補充；直式的文字排版方式接近純文字的書籍，書本尺寸跟大人的文字書差不多，字體也較大，保留注音讓孩子有階梯可以輕鬆閱讀；故事長度適中、內容貼近孩子生活且大多是熟悉的語詞，讓孩子可以透過獨立閱讀累積詞彙量，幫助孩子銜接到純文字書籍。

圖書館或書店裡的擺設，大多會將繪本放在一起，方便孩子選取，也因此，若沒有特別介紹橋樑書給孩子，他們大多在繪本區選書也就不會有機會接觸到。父母可以選購或到圖書館借一些橋樑書放在孩子活動的範圍內，讓孩子有意無意間的接觸橋樑書。

我家是到處都有書的，孩子上廁所、睡前、玩樂高休息時……看到書名有興趣，就會拿起來閱讀。隨著學習進階，孩子會開始對其他類型的主題感興趣，上課老師提到的、同學間談論的、學科上想更進一步知道的事情等，都會引發他們想繼續深入了解，這時如果父母能多帶他們上圖書館，孩子就有更多機會去探索自己喜歡的領域。

孩子有興趣開啟書本 ➡ 體驗獨立閱讀 ➡ 累積閱讀經驗 ➡ 詞彙量增加 ➡ 流暢度提升 ➡ 能夠閱讀更多的書。閱讀更多書的同時，將使流暢度再提升，不會的字詞減少，可以輕鬆理解內容，如此正向的循環下去，閱讀能力滾雪球式的成長，孩子就可以順利的從依賴大人進到獨立閱讀，開始自主探索學習。若孩子在此階段沒有機會發展大量閱讀，將出現「富者愈富，貧者愈貧」的狀況，因為閱讀文字多的內容時，字詞理解出現困難、流暢度不足，對內容理解程度有限，孩子就容易放棄閱讀。如此可見大量閱讀不僅是目標，也是閱讀理解的重要階梯。

橋樑書體驗閱讀

　　《好好讀小學堂》這套橋樑書每一本都薄薄的，故事題材包羅萬象，有章回故事、自然觀察、生活成長、冒險幻想等，文字量不多，孩子讀起來不會有壓力，我用體驗閱讀的方式讓孩子自己去感受橋樑書與繪本的不同。

　　帶孩子從瀏覽書名開始，讓孩子從書名中挑選一本書，安靜且獨立閱讀15分鐘。這段時間內不能換書，15分鐘到後，先用書籤（可以用尺、迴紋針、紙片代替）夾在書頁中，將書本闔起來。

　　孩子閱讀的時間，家長或老師觀察孩子閱讀狀況，若孩子有無法專注閱讀的情況，可以請他用手指指著字閱讀。有的孩子會讀出聲音，表示閱讀尚未非常流暢，我們可以示範使用氣音微微的發出聲音的方式讓孩子調整音量，不用制止，但是我們需要多留意這些孩子，平常多給他們朗讀的機會，讓閱讀流暢度提升，可以順利進入默讀階段。

　　接著，與孩子討論，說說看今天閱讀的書和平常看的繪本有什麼不同？將孩子發現的寫在紙上或黑板上，再引導他們進行歸納（下頁為孩子們的發現）。

　　進一步聽聽孩子閱讀時的想法，像是：我看到字很多，覺得一定看不完、時間到了我還想繼續看下去。

　　從孩子們體驗閱讀後的發現歸納，進而說明什麼是橋樑書：繪本是以圖為主的，小朋友還不認識字的時候單純看圖也可以閱讀，上小學後開始學認字，認識的字越來越多以後可以閱讀文字，為了幫助小朋友以後可以閱讀很多字、沒有注音的書，就有這種將繪本到文字書像搭起一座橋而設計的橋樑書。我們可以帶孩子到讀書館找找橋樑書在哪裡，順便選幾本借回家喔！

　　如果是班級上課，我會讓孩子寫一張紀錄單，因為班級人數多，先確保每位學生都有參與，即使無法讓每個孩子都發言，也能從他的紀錄上看到孩子的學習想法。書名記錄時順便加上15分鐘的閱讀頁數，可以提醒老師留意每個孩子的閱讀速度，並提供適當的協助。

字

橋樑書

❶ 圖比較少、空空的

❷ 小本的

❸ 比較厚，字也比較多

❹ 字比較大

❺ 有的整頁沒有插畫只有字

❻ 書皮是軟的

❼ 一本裡有好幾個故事

❽ 開始的時候有一頁跟國語課本一樣
　會寫出第幾課在第幾頁（目錄）

❾ 直直的寫下來（直式書寫）

❿ 紙摸起來不同

⓫ 封面有折起來介紹別本書（折口）

⓬ 書標不同（圖書館內繪本的書標
　和一般書籍的書標不同）

繪本　⓭ 頁數多，有頁碼

認識橋樑書

◆書名：<u>壹圓銅板流浪記（P.24）</u>
◆有什麼特色：

1. <u>書皮軟</u>
2. <u>圖片少</u>
3. <u>字比較多</u>
4. <u>比較厚</u>
5. <u>一本有好幾個故事</u>
6. <u>插圖</u>
7. <u>整頁沒有圖</u>

◆我的想法： 　閱讀時的任何想法

<u>這要很久才可以唸完。</u>

認識橋樑書

◆書名（閱讀頁數）：
◆今天閱讀的書和平常看的繪本有什麼不同？

◆閱讀時的想法：

閱讀不卡有方法

孩子閱讀時遇到不理解的字詞時，可以引導他們利用重複讀、上下文推詞意、跳讀的方法，解決閱讀時遇到不會的字詞。

選擇一本橋樑書，閱讀前提供孩子一張「閱讀不卡有方法」的學習單（如右圖所示），讓孩子可以隨時對照使用。請孩子花10分鐘時間先閱讀，閱讀時遇到不會的字詞可記錄頁數和字詞，接著大人帶著孩子一起試著使用單子上的4個方法，藉由示範說出思考的方式讓孩子學習。多試幾次後，改由讓孩子試試看。

「閱讀不卡有方法」是一個思考方式的提醒，只有在一開始指導的時候，需要將不會的字詞寫出來，方便講解。日後，孩子一次次累積思考路徑的經驗後，就可以快速解決原本閱讀時卡住的字詞，如此一來，閱讀的速度提升，才能繼續藉由大量閱讀來累積更多的意義理解。

◆ 這本書裡有哪些字、語詞是我不太會的？

◆ 閱讀的時候遇到不會的字或語詞，
　我們可以用這些方法試試看：

① 別著急，
再讀一次

② 從每個字的
意思或部首
想一想

③ 看看前面的句子、
看看後面的句子
猜一猜

④ 先跳過去
繼續往下讀，
有可能等一下
會有想法

二 知識類書籍做筆記

　　我第一次當中年級導師的時候在班上推閱讀筆記，當時我讓孩子寫的學習單是用六何法發展出來的，主要紀錄：書中什麼人／在什麼時間、地點／發生什麼事。有一天，一個孩子提出問題，他說正在閱讀自然老師推薦的植物類書籍，但是這本書沒辦法用老師給的學習單記錄筆記，該怎麼辦？我驚覺到三年級開始進入閱讀的另一個階段，對說明表述文本的閱讀需求增加了。

　　中年級的孩子開始進展到靠閱讀來學習（Reading to Learn）的階段，學科增加了社會領域與自然科學領域，這兩個領域的課本教材書寫方式是孩子初次遇到的說明表述文本，他們需要讀懂這類文本的閱讀策略。說明類的文本會用簡明扼要的文字來解說事物，這類書籍有很多的訊息，例如：形狀、性質、特徵、成因、關係、功用、步驟等，閱讀時需要用一些圖表、圖像來幫忙整理成可用的資訊。閱讀教學是跨領域的，並非語文課獨享，若孩子在其他學科也能夠學會統整訊息的方法，了解其邏輯脈絡就不必死背了。

　　知識類的書籍偏向實用性，我們大部分會因為有目的（查詢相關資料），或有興趣（拓展知識）而閱讀，閱讀這類書籍時需要高度專注力，且常需要做「重點整理」才能歸納、比較、統整。現在的孩子接觸網路的機會多，很多時候他們查詢資料是用網路搜尋，而這些網路搜尋到的文章絕大多數也是說明表述的文本，若只是瀏覽過去就很難進行高階的理解、知識統整。因此，知識類文本的閱讀方法在各種學習、知識組織層面佔有重要一環。

　　在社會領域與自然科學領域課堂，我會帶著孩子做筆記，將課本內的知識做統整，比較能成為理解的資訊。筆記的方式會因課文的內容而不同，可以先想一想這些資料屬性，某些資料內容有演變順序，我們就會用年代表、程序圖來做筆記；如果是想要從兩種以上的資料內容比較，可以用表格來做

統整；有些資料是類別型的，可以用心智圖、階層圖來整理其關係；有些資料是說明事物的，可以用說明圖來標示清楚。若是能讓孩子自己思考用什麼方式來呈現，將文字內容理解後做成筆記，在做筆記的過程又再次增加理解，這樣一來，知識才會變成自己的。

閱讀小知識

KWL 教學法

　　由 Ogle（1986）以建構主義觀點發展出來的 KWL 學習策略，將閱讀過程分為：

K（What I know）：我已知的（開始閱讀前先確認對主題的了解有多少）

W（What I want to know）：我想知道的（想要從閱讀中學習這個主題的哪些資訊）

L（What I leared）：我學到的（閱讀後在這個主題所學習到的）

　　閱讀知識類文本時，通常是有知識需求目的，透過 KWL 策略可以幫助我們成為主動的學習者。

小壁虎老師閱讀教室

四層樓閱讀筆記

寫下標題（書名、閱讀日期）

（翻閱書前先想一想）

K 關於這個主題，我**知道**的事情？

W 關於這個主題，我**想知道**的、**好奇**的事情？

（開始閱讀：1 如果閱讀的時候發現有答案，請寫下來
2 如果閱讀的時候發現自己已知的錯誤，也可以註記）

L 閱讀後，我**學到**了什麼**新知識**？

▲練習步驟：

❶ **閱讀前**

在閱讀文章或書本前，先想一想並記下想法。把A4紙摺成四等分，由下往上分別是一樓、二樓、三樓和頂樓。

在頂樓寫下主題或書名、閱讀日期；在三樓的位置，寫下你對這個主題的理解，可以是知道的、聽過的、看過的、印象中的事情。寫的時候只有一個規則：不能翻開書；在二樓的位置，寫下關於這個主題，你想知道的、好奇的事情。寫的時候還是只有一個規則：不能翻開書。

❷ **閱讀中**

讀的時候，如果剛好看到了想知道的事情相關重點，就筆記起來，可以將剛剛在二樓位置寫的想知道的部分圈起來，再用箭頭拉出來補充筆記。如果發現自己在三樓的位置對這個主題的瞭解，跟書中寫的不一樣，也可以圈起來，再用箭頭拉出來修改筆記。

❸ **閱讀後**

讀後，寫下這本書我學到關於這個主題的三個重點。高年級的學生，可以增加後設認知的學習，檢視自己對於這個主題想知道的內容，在這本書有沒有獲得解決，若是還想深入了解，可以在圖書館內繼續找到類似的書籍擴展學習，將四層樓紀錄單筆記得更完整。

❹ **分享討論**

和夥伴分享自己的四層樓紀錄單，看看同一個主題其他人的想法，也可以獲得新知識喔！

標題

獨角仙

我知道

我知道獨角仙會咬人，
還會打架。

我想知道

我想知道獨角仙
是吃什麼東西 (果子)。

閱讀時得到的答案註記

我學到

我學到獨角仙
有肥肥胖胖的特角
有大大的肚子。

獨角仙

我知道獨角仙他有大大的角。
我知道獨角仙可以飛。

我想知道獨角仙
是怎麼打架的，
我想知道獨角仙
有幾隻腳 (六隻腳)。

閱讀時得到的答案註記

我學到獨角仙
有六隻腳。

用圖來說明

　　我是個喜歡圖像思考的人,所以閱讀這種知識類文章時,我喜歡將「畫面」畫出來,幫助自己理解。內容,文字轉成圖像需經過仔細思考,將複雜的語句先找出重點,再將重點整理到圖上,從圖像整理,也可看出孩子對文章理解多少。

　　以下是我們閱讀一篇關於海馬的文章,閱讀前先和孩子聊聊他們對海馬的「已知」。

小壁虎老師:有沒有人要說說看,你知道關於海馬的哪些事?

孩子A:海馬是彈跳的(食指比彈跳狀)。

小壁虎老師:你是在哪裡看過海馬是這樣動的?

孩子A:卡通裡。

小壁虎老師:有沒有人看過真正的海馬?

(大家都搖頭,只有一人說有看過)

小壁虎老師:請你比比看海馬有多大隻?

孩子B:將雙手拉開比了尺寸(大約90公分)

小壁虎老師:喔~你是在哪裡看過的?

孩子B:(搖頭)

小壁虎老師:所以你是猜的?

孩子B:(傻笑)

小壁虎老師:海馬到底有多大,我們可以閱讀文章後看看有沒有答案。

(閱讀過海馬的文章後,請孩子分享學習到哪些關於海馬的知識。)

小壁虎老師:有沒有人要說說看,讀過這篇文章後,你們知道了關於海馬的哪些事情?

孩子A:海馬是爸爸照顧小孩。

孩子 B：海馬爸爸有育兒袋。

孩子 A：海馬是直直的游泳，牠是用身體背部的鰭來前進的。

孩子 B：海馬休息的時候會用尾巴勾住水草。

孩子 C：我知道海馬的眼睛在水裡是張開的。

小壁虎老師：你從哪裡知道這件事的呢？

孩子 C：旁邊的圖片。

小壁虎老師：文章裡沒有提到對不對？所以有時候看圖也是一個得到知識的方法。

最後，看著這張圖，就可以將這篇文章裡的海馬知識說出來了。

閱讀行動力

我是個行動派的人，看到什麼、有什麼想法就必須立刻去做，否則那個念頭盤旋不去，時常會讓我無法專心眼前該做的事情。閱讀也是，有時一本書還沒有看完，就迫不及待想跟著作者的觀點、方法做做看。

前幾年為了減輕體重開始閱讀飲食調整類型的書籍，有的書告訴我們飲食控制很重要、如何進行飲食控制，及飲食控制帶來的好處；有的書是作者分享飲食控制的經驗；還有的書則是一道道可以控制飲食的料理食譜……。

一開始，我只是想了解飲食控制的原理，所以我挑選有這類內容的書籍，從這些書籍中獲得了幾個類型的飲食觀念：生酮、減醣、蛋白質攝取量、健康餐盤等。接著，我找出自己可以接受的觀念，再多找幾本這個觀念的書來看，然後從這些書中整理可以實踐的方法，在生活中嘗試看看，遇到挫折或困難時，再找另外一本書來看看。就這樣，不知不覺中我做了主題閱讀，深入、擴展，最後提取出可用的重點加入自己的思考，進而實踐。另外，當我進行上述閱讀路徑的同時，我也因某本書中提到的其他觀念，而開啟另外一個路徑的閱讀。

閱讀的時候我們的腦中會產生很多想法，懷疑、連結舊經驗、創新點子、想知道更多、什麼讓我躍躍欲試等，這些想法若沒有被記下來，就是稍縱即逝。準備一本記事本，閱讀的時候放在旁邊，快速寫下這些飛快閃過的想法，我自己還會在旁邊加上行動計畫，讓想法可以具體去實踐。

高年級的學生就可以做這樣的練習，他們開始透過閱讀學習思考（Reading to Think），將閱讀到的資訊轉為資料，接著累積資料構思成為觀點，最後可能產生行動計畫與實踐。這個過程並非一蹴可幾，我們可以透過方法引導孩子做這樣的閱讀紀錄，讓閱讀能力更進一步。

❶ 議題討論

選用時事議題新聞或文章，先找出文章內的客觀事實，接著辨識哪些是個人的想法或觀點，若可以找到其他不同的觀點，就可以進行比較，最後做出自己的判斷。平常親子間可以一起針對時事這樣做，看新聞的時候一起分享：

1 這件事的客觀事實是什麼？

2 不同角色的觀點有哪些？

3 這些觀點讓你產生哪些想法？

4 如果是你會怎麼做？

❷ 書籍閱讀使用便利貼來記錄

閱讀時用黃色記錄自己想記住的重點，用綠色記錄產生的想法。閱讀後整理這些便利貼，挑出這本書最重要的3個重點和3個想法，將這6張便利貼貼在一起，最後用粉紅色寫出具體的行動。

三　閱讀寫作

　　寫作對孩子來說總是困難的，「寫不出來」的背後有很多原因，最大的問題是不知如何下筆，也不知道如何組織架構。一般學校的寫作教學，大部分都是老師講解篇章結構，然後孩子進行內容撰寫，有時是為了課文學習而寫作，有時是因為學校活動而寫作，但這些寫作方式多數忽略了資料蒐集的步驟。

　　想一想我們成人是如何進行寫作的，我想起自己的經驗：那天我要印製一張感謝狀，對於感謝狀上的字句我不太清楚如何擬定，於是我上網查了感謝狀的寫法，看了好幾份資料後，確認了感謝狀的格式、內容書寫方式、用語等，然後我才開始撰寫。從這個過程中，我們可以發現資料蒐集是重要的，從這些資料中去分析結構、內容，我們就可以找出相應的文章寫法。

　　閱讀同類型的文章多篇，可以幫助我們找出這類型文章寫作的結構與內容組織。兒子有一次帶回一篇作文回家功課，題目是「談合作」，我將書櫃裡所有跟寫作教學有關的書籍搬出來，找出同類型的文章，再讓兒子從網路上搜尋同樣主題文章數篇。我們先讀每一篇文章的第一段，確定了第一段的寫法，再讀中間的段落，然後思考如何用自己身邊的經驗來寫，最後再讀這些文章的最後一段，掌握了最後一段的寫作方式後開始撰寫，完成一篇作文。

　　我也在教室內操作過類似的方式，當時我們要寫校慶活動，我使用了國語日報的「運動會」主題徵稿內容，這種主題徵稿的文章會一次刊登很多篇，占兩個版面，還會有評審講評，所以我讓孩子們先閱讀完全部的文章後，與他們討論校慶文章的結構有哪些，文章中哪些語句可以用（提醒孩子語句不能照抄，要做適度的改編），最後再討論我們的校慶活動可以怎麼寫，如此一來孩子寫出來的文章就不會是千篇一律的流水帳了。

學習書信的寫法——《不會寫字的獅子》

有一隻獅子，牠認為會不會閱讀、會不會寫字一點也不重要，因為牠只要大吼一聲，其他的動物都會聽牠的。直到有一天，牠遇到了一隻美麗又喜歡看書的母獅子，牠想寫一封信表達愛意，於是命令其他動物幫牠寫信。不過，大家絞盡腦汁寫的信，獅子都不滿意，到底該怎麼辦呢？

文化部的兒童文化館網站有這本書的影片，使用影片時，我會適時按下暫停與學生討論，而且不會將整部影片看完，留一些內容讓孩子自己去閱讀。

「一隻獅子，不會寫字，會有什麼問題嗎？」

小壁虎老師：（暫停影片）請問小朋友，你們小時候不會寫字，生活上會出現什麼問題嗎？

孩子A： 會聽不懂人家說的話。

小壁虎老師： 會嗎？大家一起想一想，你在幼稚園小班的時候不會寫字，會因此聽不懂人家說的話嗎？

孩子B： 不會啊！像我小時候不會寫字，但還是聽得懂。

小壁虎老師： 你覺得小時候不會寫字，對生活沒有什麼影響的舉手。

小壁虎老師： 如果是老師呢？像老師這樣的大人，不會寫字會不會有什麼問題？

孩子A： 會有問題。

孩子A： 如果你是媽媽，那你就不會簽名，會害小孩被老師罵。

小壁虎老師： 真的耶！這問題大了！

孩子A： 你的老闆給你東西，你不會寫字就看不懂。

孩子B：這樣就會找不到工作。

孩子A：如果你是老師，那你就不會教學生寫字，也看不懂課文。

小壁虎老師：那就太好了，我可以不用改作業。

孩子A：不行啦！

孩子C：不會寫資料。

小壁虎老師：什麼意思呢？

孩子C：就是你去看病要寫資料，會寫不出來。

小壁虎老師：這真的問題很大了。所以你們的意思是，小孩只要吃喝玩樂和睡覺就好，不會寫字一點影響都沒有。但是對大人就會有很大的問題。

小壁虎老師：我們來看看對獅子來說，不會寫字會不會有什麼問題。（繼續播放影片）

「可是，獅子不會寫字。」

小壁虎老師：（暫停影片）該怎麼辦呢？你們有什麼辦法？

孩子A：可以用畫的。

孩子B：可以請別人教他寫。

孩子C：可以請別人幫他寫。

孩子A：可以去上學。

孩子B：可以用說的就好。

小壁虎老師：你們很會想辦法解決問題耶！我們繼續看下去。（繼續播放影片）

小壁虎老師：為什麼猴子寫的信不是獅子想要的內容？

孩子A：因為獅子不是喜歡吃香蕉的。

孩子B：因為獅子不爬樹啊。

小壁虎老師：所以猴子寫的是自己喜歡的，並不是獅子喜歡的。

（影片看到獅子請猴子幫忙寫信，猴子讀了信的內容，影片到這裡停止）

▲閱讀任務：

　　每一組的桌上，有3封信，分別是獅子請3隻動物幫他寫的，找到猴子寫的信，全組一起讀這封信：

　　親愛的小姐，
　　你願意跟我一起爬樹嗎？
　　我摘了香蕉，真的很好吃喔！
　　趕快來吃吧！
　　　　　　　　愛你的獅子

小壁虎老師：接下來，請各組讀一讀河馬和糞金龜寫的信，再想一想，這封信是獅子想要的嗎？

孩子A：獅子不會想到河裡洗澡。

孩子B：獅子不會想吃動物的大便。

幫獅子寫信

　　既然這些都不是獅子想要的內容，老師請你們幫幫獅子吧！幫獅子寫一封信。信的寫法請參考那3隻動物寫的句子。

　　寫信前先想一想，獅子想要表達什麼呢？他想要約小姐做什麼事情呢？想一想小姐喜歡什麼！請各組討論。

　　老師可以另外給點提醒：大家都這樣說就沒創意，想一想有沒有更好的答案，例如在哪裡看書？約小姐吃肉，吃什麼肉？小姐喜歡看書，要怎麼把這件事一起放進去？

親愛的小姐，

你願意跟我一起在樹下吃晚餐嗎？我為你留下了斑馬肉，還有書，真的好吃又好看喔！趕快來吃和看吧！

愛你的獅子

親愛的小姐，

你願意和我一起在草原上吃肉和看書嗎？

我為您準備了飲料和餐點。

真的很好吃喔！

趕快來吃吧！

愛你的獅子

親愛的小姐，

你願意和我一起去大草原看書嗎？

我為您準備了很多故事書和兩杯茶。真的很好喝喔！

愛你的獅子

親愛的小姐，

你願意跟我一起在樹上看書嗎？

我為您準備了一棵很大的樹，真的很大喔！

趕快來看吧！

愛你的獅子

多文本閱讀──寫一篇鬼故事

國語日報教育資源網推出一系列的讀報多文本閱讀學習單，讓孩子透過多篇文章閱讀來學習知識、概念或是閱讀策略。我找了1101011~1101016這一份，搭配萬聖節來個鬼故事文本閱讀學寫作，這份學習單利用心情折線圖，讓學生依照「事件」以及「驚嚇程度的表現」歸納出2篇文章共同的故事結構，並分組找出文章描寫驚嚇時有哪些生理變化或出現的行為。

我擷取這份學習單的主要概念，再發展一節課可以完成的教學內容，搭配萬聖節說鬼故事，用故事接龍的方式引導學生學習鬼故事氣氛營造的環境描寫、人物驚嚇的生理變化和行為描寫。

▲練習步驟：

① **閱讀文章**

我將國語日報這2篇文章印在A4紙上，每個孩子一張方便閱讀。

1 先讓學生利用5分鐘時間閱讀2篇文章。

2 標上段落編號，方便等一下討論。

② **利用折線圖分析文章結構**

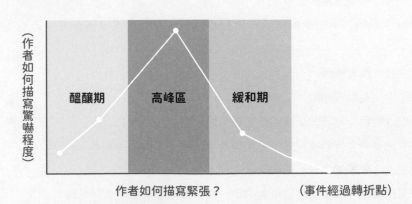

（資料來源：國語日報教育資源網／讀報多文本閱讀學習單）

（老師跟全班討論折線圖的情節發展，以及作者如何描寫驚嚇程度。）

小壁虎老師：我們今天要使用這種折線圖來看鬼故事要怎麼說才會吸引人。折線圖的下方是事件，縱軸是作者如何描寫驚嚇程度。先看〈學校是鬼屋？〉這篇文章，是什麼事情引起作者有好奇心想要去看？在第一段找找看。

小壁虎老師：當有人跟我們說學校地下室有鬼時，通常會有兩種反應，第一種是真的嗎？可是老師說地下室不能去，不要去了；第二種是真的嗎？我要去一探究竟。你們是屬於哪一種？

學生A：我會去看看耶！看看是不是真的。

學生B：我不敢去，會被老師罵。

小壁虎老師：這篇文章的作者是第二種，所以他決定去地下室看看。

小壁虎老師：這個地下室的環境長什麼樣子呢？我們說鬼故事的時候，要先把有點嚇人的氣氛營造出來，所以把當時的環境描寫清楚，我們來看看作者怎麼寫的，讓這個地下室有點嚇人，找到語句後畫起來，再舉手告訴我們。

學生A：平時是樂隊打擊部練習的地方。

小壁虎老師：意思是平常沒有人會去的地方。

學生B：有半透明的窗戶。

小壁虎老師：半透明的窗戶是不是看裡面、看外面都不清楚，所以有點恐怖。

學生B：沒有開燈。

學生C：有點暗暗的。

小壁虎老師：暗暗的又讓人感覺更可怕一點。

小壁虎老師：接著看到鬼的驚嚇程度，作者是怎麼看到鬼的？

學生A：黑黑的人影一晃而過。

小壁虎老師：表示沒有看得太清楚，如果看清楚了就知道不是鬼了。

小壁虎老師：作者用哪些語句來描寫緊張害怕的感覺？將這些語句圈出來。

學生Ａ：心臟怦怦跳。

學生Ｂ：心臟怦怦跳快從胸口跳出來。

學生Ｃ：拔腿就跑。

學生Ａ：一路衝回三樓教室。

小壁虎老師：最後老師跟他一起去看的時候發現這個鬼是誰？

學生Ｂ：是自己的影子。

小壁虎老師：所以一開始的可怕環境營造是醞釀期，到了遇到鬼的高峰期用了很多形容驚嚇的語句，最後是緩和期，原來是自己嚇自己。

（現在我們來看〈濃煙裡的貝多芬〉這篇文章。）

小壁虎老師：作者怎麼營造氣氛的？找出句子來畫起來。

學生Ａ：濃煙密布。

學生Ｂ：伸手不見五指。

小壁虎老師：〈學校是鬼屋？〉這篇文章只有提到暗暗的，也可以用伸手不見五指來形容有多暗。

小壁虎老師：同學和作者在演練的時候態度有什麼不同？找出形容的詞。

學生Ｃ：同學扭腰擺臀、自得其樂，作者正經八百。

小壁虎老師：作者是怎麼看到鬼的？

學生Ａ：瞥見有人披頭散髮面露凶光。

小壁虎老師：瞥見，是用眼角的餘光看見，所以表示作者不是看得很清楚。

（作者用哪些語句來描寫緊張害怕的感覺？拿筆將這些語句圈出來。）

學生Ａ：嚇得渾身發抖。

學生Ｂ：全身僵硬。

學生Ｃ：身體不斷往後退。

小壁虎老師：同樣的，文章最後寫道原來並不是真的有鬼。

③ **統整2篇文章說故事的結構**

　　說鬼故事的時候有3個步驟，一開始醞釀期，要將環境寫得清楚一點，讓人可以感受到害怕的氣氛；然後見到鬼的高峰期就要多寫一點緊張、害怕的生理反應和行為動作，讓讀者知道你有多緊張多害怕；最後再將謎底揭曉，原來不是真的有鬼。

④ **鬼故事接龍**

　　由老師先說第一句：有個晚上，小壁虎老師躺在床上，快要睡著的時候聽到一個怪聲音，我很想起來看，但是實在是太累了爬不起來，過不久又快要睡著時，這個聲音又出現了。

　　下一個人接龍請將房間的環境形容一下，可以用剛剛文章學到的語句。

學生A：房間很暗。

小壁虎老師：有多暗，可以用什麼語詞形容？

學生A：房間很暗，伸手不見五指。

小壁虎老師：這個房間裡有幾個人？

學生A：房間很暗，伸手不見五指，老師自己一個人躺在床上睡覺。

小壁虎老師：接下來發生什麼事情？

學生B：突然有一個人臉出現在眼前。

學生B：那個臉越來越近。

小壁虎老師：下一個人要描述老師的緊張、害怕。

學生C：身體僵硬。

學生D：嚇到腳軟無法下床。

學生E：臉色發白。

學生F：渾身發抖。

學生G：冷汗直流。

學生H：用棉被蓋住臉。

小壁虎老師：下一個人來到收尾的部分了，要讓真相大白。

學生Ⅰ：原來是老師的小孩過來找媽媽。

小壁虎老師：哈哈，真的耶，老師打AZ疫苗的時候，發燒躺了三天，就有這種經驗，以為是鬼，結果是老公來看我退燒了沒。

改寫 —— 做一盤乞丐棋

　　學生時代使用傳統手機時，只要使用按鍵一層層的確定就能找到想使用的功能。多年前智慧型手機剛上市，我跟上流行買了一支，當時的設計沒有像現在那麼容易操作，加上我的腦袋還是傳統手機的邏輯，看了使用說明書像看天書，每個步驟說明好像中間有被隱藏的步驟，出現了使用上的障礙。

　　為什麼我會閱讀了說明卻無法理解呢？書寫說明書的人應該是熟悉操作的設計者，他將操作流程寫成條列式說明時，因為過於熟練而容易忽略初次使用者的使用感受。這讓我警覺到孩子閱讀的時候，是不是也會產生相同的窘境呢？包括教師設計學習單時的說明、課堂上教學的說明，有可能都未考慮到使用者經驗，而造成孩子閱讀理解困難。

　　條列式的說明方式是一種非連續文本，看似條列清楚，卻需要讀者從片段、簡潔的訊息中，整合出意義進行理解。然而，非連續性文本經常出現在生活周遭，例如：想從宜蘭搭火車到臺北，讀者需要在「將火車時刻表、票價查詢等非連續性文本」和「將訊息理解後轉成幾點幾分上車、幾點幾分到站、付多少錢購票」間來回轉換。

　　我們也常將一些敘述性文字摘要訊息後，撰寫成非連續性文本，例如：學生做主題閱讀報告，在閱讀多篇文章後，將每篇文章的重點摘錄，做成簡單扼要的簡報。這些都是不簡單的閱讀大任務，我們可以從日常生活中練習兩者間的轉換，例如：將食譜的條列式作法解釋給媽媽聽、將YouTube做菜的影片撰寫成條列式的做法。

▲練習步驟：

選用《琦君說童年》書中〈乞丐棋〉一文

❶ 先閱讀文章，找出琦君和三化玩乞丐棋的段落。

❷ 分組閱讀、討論文章，並依據文章內容製作棋盤、研究玩法，並實際試玩。

❸ 各組分享棋盤、玩法，並藉由提問、討論、修正，確定遊戲規則。

❹ 將棋盤製作成遊戲盒，用條列式撰寫乞丐棋的玩法說明。

補圖文 ——《好朋友就是這樣嘛》

兩個互不相讓的小男孩正在吵架、拉扯，旁邊的小朋友們則是隔岸觀火，還在一旁為兩人加油，一副看好戲的樣子。這時老師看到有人在吵架，走過來拉開兩人，並且問他們發生什麼事。兩個小男孩開始告起對方的狀，不停的說著對方的不是，連很久以前發生過的、真的、假的都說了，其他人聽著聽著覺得太無聊了，紛紛走開。兩個小男孩吵到最後，沒什麼話好講了，看了彼此一眼，就相約再去踢足球。

這本書非常貼近孩子的生活，跟好朋友吵架、和好就是他們的日常，很多時候老師還在傷腦筋如何幫他們排解時，他們已經和好又玩在一起了。

小壁虎老師：到底好朋友是怎樣呢？在閱讀前，先寫寫自己認為的好朋友到底應該是如何？

學生A：我覺得好朋友就是會一起分享。

學生B：我覺得好朋友是可以一起玩的。

學生C：我覺得好朋友就是難過的時候要過去安慰他。

學生D：我覺得好朋友就是吵架還會和好的。

學生E：我覺得好朋友就是會互相幫忙。

小壁虎老師：這本書的封面有3個問題，在看這本書之前我們一起來想一想這

3個問題。好朋友會不會吵架呢？好朋友吵架是怎樣子的呀？吵完架後，還算不算是好朋友呢？

學生A：好朋友會吵架，我和好朋友吵架就是會不跟他玩，但是隔天就和好了。吵完架後還是好朋友。

學生B：我和好朋友吵架會說不好聽的話，他也會說不好聽的話。吵完架我們還是會繼續當好朋友。

學生C：有一次我和好朋友吵架，我拿石頭丟他的腳踏車。吵完架後我向他說對不起，我們現在還是好朋友。

小壁虎老師：我們開始閱讀這本書，看書中的小朋友發生什麼事。

小壁虎老師：故事到這邊，明明是吵架的兩人，卻又忽然和好了，如果你是作者，你會增加什麼內容讓吵架到和好的過程更清楚一點？

學生A：應該是有人先道歉。

學生B：那如果都沒有人要道歉呢？錯的人一直不道歉呢？

小壁虎老師：都沒有人要道歉，就一直不說話了嗎？請你們寫下誰該道歉呢？如果沒有人道歉，該怎麼辦呢？

學生C：錯的人要先道歉，如果他來道歉，我也會跟他道歉，吵架應該是兩個人都有錯吧！

學生D：錯的人要道歉，如果想要這個好朋友就可以跟他道歉。

小壁虎老師：你們的任務來了，請你想一想，如果有人要道歉，是誰要先道歉呢？為了哪一件事道歉？前面他們吵架吵好多事情，哪一些事是真的？那一些事是因為氣話自己編的？

　　要從頭仔細看每一頁吵架的內容，再看要補上什麼內容。

句子仿寫書籤 ──《猜猜我有多愛你》

　　小時候到文具店常會順便買幾張喜歡的書籤，依照每個年紀的喜好收集了好多書籤小卡，有卡通、浪漫風格、明星、心情小語等系列，每一本書裡都夾著自己喜歡的書籤，閱讀起來心情愉悅。書籤主要用來做記號，看書的過程必須中斷去做別的事情時，將書籤放進書頁裡，讓有緞帶繩子的那一端露出來，下次再繼續閱讀的時候，可以很快的找到那一頁。我們可以從閱讀的靈感中，製作屬於自己獨一無二的書籤。

　　《猜猜我有多愛你》這本書中，小兔子跟大兔子說：「猜猜我有多愛你。」「我愛你這麼多。」小兔子把手臂張開，開得不能再開。大兔子有一雙更長的手臂，他張開雙臂說：「可是，我愛你這麼多。」大兔子和小兔子兩人不斷的比較誰最愛對方。

　　書裡用了相同的句式，讓孩子模仿句型寫出自己對愛的想像，搭配做成書籤活動，讓閱讀寫作更有意思。

　　我整理出書中的句子：

　　猜猜我有多愛你

　　我愛你，像我舉得這麼高，高得不能再高

　　我愛你，到我的腳趾頭這麼多。

　　我愛你，像我跳得這麼高，高得不能再高

　　我愛你，一直過了小路，在遠遠的河那邊

　　我愛你，一直過了小河，越過山的那一邊

　　我愛你，從這裡一直到月亮

　　我愛你，從這裡一直到月亮，再繞回來

　　想一想，我會如何愛你呢？

猜猜我有多愛你

我愛你 _____

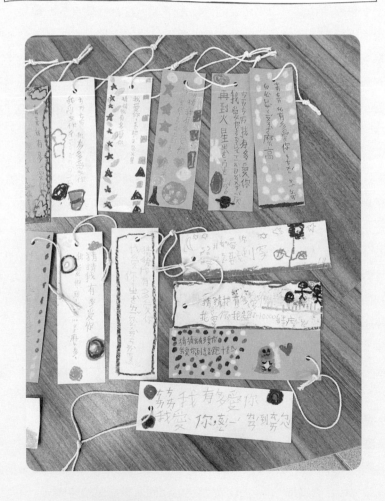

四　比較策略

　　當了媽媽後，到大賣場買東西時都會進行比價，一開始我只會價格比較，看一下想買的物品，如果想要的效果差不多，我會買便宜的。但是，後來我發現價格低的不一定是真的便宜，還要看包裝的容量，有的洗衣精補充包平均每毫升的價格竟然比瓶裝的貴。最近注意飲食，開始看食品包裝上的標示，吃的喝的都要比較一下哪一種卡路里較低。這是日常生活上經常進行的「比較」。「比較」是為了找出更佳的選擇、為了從相同點或相異點整理出需求。

　　教學時我常用小組討論的方式，而各組討論產生的小白板，我會用比較的方式進行統整，「每一組都提到的」、「跟別組不同的」、「別組沒想到的」等，來聚焦學生的討論結果。一般而言，課堂上需要討論的，大概都是沒有「標準答案」的題目，用比較的統整方式，也有助於學生不會被「正確答案」限制，獲得一些新想法。

　　有目的性的閱讀時，也會進行比較閱讀。當我們要針對同一個主題進行主題式閱讀時，找到的文章可能內容或重點編排方式不同、寫作形式不同，透過比較這些文章的相同點、相異點，可以萃取出重要概念。

　　例如：想知道如何寫一篇遊記時，可以藉由閱讀兩篇以上的遊記，在內容、形式上進行相同點和相異點的比較，進而獲得遊記文章的寫作方式。想到某個景點旅遊，找到的文章可能是景點介紹的說明文、他人撰寫的遊記、食記，透過不同形式的文章比較，進而安排自己的旅遊行程。

　　范恩圖（Venn diagram）是由英國數學家 Venn 於西元 1881 年發明的，用來表示集合類之間的大致關係，兩個圓相交，其相交重疊的部份表示兩個集合的公共元素。用在閱讀策略時，可以做為比較相同、相異點的圖像。

　　以〈回到鹿港〉和〈安平古堡〉兩篇課文為例，將兩篇課文的相同點寫在

交集處；不同點分別列在兩個圈。比較策略應用的時候，提醒學生留意：要找相同的事情來比較，例如：第一項比較的項目是地點，〈安平古堡〉和〈回到鹿港〉都要將地點放在第一個項目比較。另外，一個有、一個沒有的不能拿來比較，例如：主角有收到禮物，另外一篇文章的主角沒有收到禮物。

小壁虎老師閱讀教室

兩篇文章的比較

▲練習步驟：

① **相同主題**：可以選擇不同內容、不同寫作形式的文本。
② **學習寫作**：可以選擇同樣寫作形式的作品。
③ **知識整理**：將知識類型作比較，例如：鄉村和都市生活型態的比較。

鹿港

1. 彰化縣
2. 一個以前是商港
3. 一個是回到老家

相同

1. 都有四個要素
2. 兩個都很美
3. 兩個都有美好的回憶

安平古堡

1. 臺南市
2. 一個以前是軍事要地
3. 一個是教學參觀

❶ 一本書內的角色比較

選用角色單純、明顯對比的書籍，例如：《星期三書店》這本書裡只有「老先生」和「我」兩個角色，且使用對比的敘述方式，用來練習比較策略容易上手。

❷ 兩本書的比較

選用主題或情節類似的書籍，例如：《環遊世界做蘋果派》和《雷公糕》，兩本書都跟製作點心有關，但是一個是心情愉悅的到世界各地取得材料；另外一個是害怕中準備做點心的材料。透過比較閱讀，孩子在兩本書間來回確認，更能深入理解書籍內容。

我

老先生

相同

1.看漫畫

2.書看得
比較快

3.書的頁數
比較少

4.看書嘻嘻哈哈

1.每個星期三
都會去

2.他們都愛
那個書店

1.看歷史戰爭書

2.書看得比較慢

3.書的頁數比較多

4.看書都會流眼淚

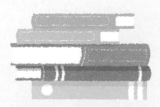

_____   相同   _____

1._____   1._____

2._____   2._____

3._____   3._____

4._____   4._____

結 語

　　閱讀，是一種習慣！閱讀習慣的養成，越早開始越好！

　　我記得剛上小學時爸爸買給我2本非常厚的書，《晚安故事》上下集，內容是什麼故事我已經不記得了，但那暗紅色書皮、精裝書的樣子我倒是記憶猶深，除此之外，爸爸的鐵櫃裡還有一套淺綠色書皮的兒童百科全書，這些都是我童年的閱讀食糧。長大一點後，我開始看另外一個書櫃裡的書，爸爸的這個書櫃裡有許多文學名著，印象最深的就是國中時讀了《未央歌》和《基督山恩仇記》，在推動閱讀的這段期間，我常想起這些存在記憶中的畫面，當時就是單純的投入享受閱讀啊！

　　《閱讀的十個幸福》一書的作者認為，無論大人或小孩都應該享受的10個閱讀幸福與權利：

　❶ 我們有權不讀書
　❷ 我們有權跳頁閱讀
　❸ 我們有權不讀完整本書
　❹ 我們有權一讀再讀
　❺ 我們有權什麼書都讀
　❻ 我們有權進行包法利主義的閱讀
　❼ 我們有權在任何場所閱讀
　❽ 我們有權隨手抓本書的閱讀
　❾ 我們有權大聲朗讀
　❿ 我們有權保持沉默的閱讀

　　過去十幾年來學校端推動閱讀教學、推廣閱讀活動不遺餘力，我也在其中跟著閱讀教育的走向，不斷的參與研習獲取新知。有一段時間，我非常認真努力的產出很多閱讀學習單，希望透過這些學習單增進孩子的閱讀理解能力，但是每次發下這些學習單時，我聽見孩子不情願的聲音，看見孩子為了寫學習單而不快樂的眼神，我開始猶豫了，也產生很多疑問：孩子真的不理解文章嗎？這些讓孩子回答問題的提問，真的有辦法幫助他們理解嗎？我在孩子的反應中已經得到答案。

　　只要單純的投入並享受書中每個角色人物與劇情，閱讀不應該是令人卻步的苦差事。想讓孩子喜歡閱讀、習慣閱讀，我們需要做的是讓閱讀本身就是快樂的事，如果為了教策略而使閱讀成為負擔，就容易讓孩子對閱讀厭棄。因此，我在設計教學活動時希望將策略「隱形」融入學習活動中，讓孩子體會到閱讀樂趣的同時也學到閱讀的方法。2006 年我開始寫部落格，在「小壁虎老師's Blog」上記錄著班級經營、教學點滴，而這本書集結了部落格上的閱讀教學紀錄、對閱讀教育的看法及親子共讀的方式等，期待透過此書讓我們和孩子一起快樂閱讀、享受閱讀。

國家圖書館出版品預行編目（CIP）資料

閱讀起步走！超前培養孩子的資優閱讀力：看圖說故事、對話接龍、用圖片找線索，有效提升閱讀素養的關鍵歷程 / 蔡孟耘（小壁虎老師）作 . -- 初版 . -- 臺北市 : 臺灣東販股份有限公司 , 2022.07
140 面 ;17 x 23 公分
ISBN 978-626-329-257-4(平裝)

1.CST: 閱讀指導 2.CST: 讀書法

019.1   111006609

閱讀起步走！

超前培養孩子的資優閱讀力

看圖說故事、對話接龍、用圖片找線索，有效提升閱讀素養的關鍵歷程

2022 年 07 月 01 日初版第一刷發行
2023 年 12 月 01 日初版第四刷發行

著　　者　蔡孟耘（小壁虎老師）
編　　輯　鄧琪潔
美術設計　黃瀞瑢
插　　畫　黃瀞瑢
發 行 人　若森稔雄
發 行 所　台灣東販股份有限公司
　　　　　＜地址＞台北市南京東路 4 段 130 號 2F-1
　　　　　＜電話＞（02）2577-8878
　　　　　＜傳真＞（02）2577-8896
　　　　　＜網址＞ http://www.tohan.com.tw
郵撥帳號　1405049-4
法律顧問　蕭雄淋律師
總 經 銷　聯合發行股份有限公司
　　　　　＜電話＞（02）2917-8022

部分圖片來源：Freepik.com